A nobreza da alma humana
e outros textos

Dados Internacionais de Catalogação na Publicação (CIP)
(Câmara Brasileira do Livro, SP, Brasil)

Eckhart, Mestre, ca. 1260-1327?
  A nobreza da alma humana e outros textos / Mestre Eckhart ; tradução de Raimundo Vier, O.F.M. – Petrópolis, RJ : Vozes, 2016. – (Série Clássicos da Espiritualidade)

  Título original: Vom edlen Menschen.

  6ª reimpressão, 2024.

  ISBN 978-85-326-5224-9

  1. Consolação 2. Mística I. Título. II. Série.

16-00689   CDD-248.22

Índices para catálogo sistemático:
1. Mística e espiritualidade : Cristianismo
248.22

Mestre Eckhart

A nobreza da alma humana e outros textos

Tradução de Raimundo Vier

Petrópolis

Tradução do original em alemão intitulado
Vom edlen Menschen.

© desta tradução:
2016, Editora Vozes Ltda.
Rua Frei Luís, 100
25689-900 Petrópolis, RJ
www.vozes.com.br
Brasil

Todos os direitos reservados. Nenhuma parte desta obra poderá ser reproduzida ou transmitida por qualquer forma e/ou quaisquer meios (eletrônico ou mecânico, incluindo fotocópia e gravação) ou arquivada em qualquer sistema ou banco de dados sem permissão escrita da editora.

CONSELHO EDITORIAL	PRODUÇÃO EDITORIAL
Diretor Volney J. Berkenbrock	Aline L.R. de Barros Marcelo Telles Mirela de Oliveira
Editores Aline dos Santos Carneiro Edrian Josué Pasini Marilac Loraine Oleniki Welder Lancieri Marchini	Otaviano M. Cunha Rafael de Oliveira Samuel Rezende Vanessa Luz Verônica M. Guedes
Conselheiros Elói Dionísio Piva Francisco Morás Gilberto Gonçalves Garcia Ludovico Garmus Teobaldo Heidemann	**Conselho de projetos editoriais** Isabelle Theodora R.S. Martins Luísa Ramos M. Lorenzi Natália França Priscilla A.F. Alves

Secretário executivo
Leonardo A.R.T. dos Santos

Editoração: Flávia Peixoto
Diagramação: Sheilandre Desenv. Gráfico
Capa: Editora Vozes
Ilustração de capa: Benedito G.G. Gonçalves

ISBN 978-85-326-5224-9

Este livro foi composto e impresso pela Editora Vozes Ltda.

Sumário

Parte I – A nobreza da alma humana, 7

Parte II – O desprendimento, a completa disponibilidade, a total liberdade, 19

Parte III – Seis sermões do Mestre Eckhart, 35

1 Deus é Um (Sermão n. 29), 37

2 Deus é Um, Ele é um negar do negar (Sermão n. 21), 43

3 A excelência de Marta sobre Maria (Sermão n. 86), 49

4 O silêncio da criação (Sermão n. 57), 62

5 Sobre a pobreza (Sermão n. 52), 73

6 Sobre as obras e o tempo (Sermão n. 44), 82

Parte IV – Legendas do Mestre Eckhart, 89

1 De uma boa irmã e da boa conversação que teve com Mestre Eckhart, 91

2 Do bom-dia, 93

3 Mestre Eckhart e o garoto nu, 95

4 Mestre Eckhart, comensal, 96

PARTE I
A nobreza da alma humana

Este texto constituiu, provavelmente, um sermão pronunciado diante da Rainha Inês da Hungria. De forma indireta, Eckhart deixa entrever sua própria trajetória espiritual. Descreve os seis passos da ascensão do espírito a Deus. À medida que ascende, a pessoa vai liberando a semente divina depositada dentro de seu coração, até aparecer a perfeita filiação divina. "O homem deve apartar-se de todas as imagens e de si mesmo, e distanciar-se e desassemelhar-se de tudo se é que realmente quer e deve acolher o Filho e tornar-se filho no seio e no coração do Pai... No uno se encontra a Deus e quem quer encontrar a Deus deve tornar-se uno." Esse ideário, como enfatizamos na introdução, pertence ao cerne da mística do Mestre Eckhart.

A tradução foi feita do alemão (Vom edlen Menschen: Meister Eckharts Traktate – Die deutschen Werke V, W. Kohlhammer. Stuttgart, 1963, 498-504).

Nosso Senhor diz no Evangelho: "Um homem nobre partiu para uma terra distante, a fim de tomar posse de um reino, e regressou" (Lc 19,12). Com estas palavras, Nosso Senhor nos ensinou como é nobre o homem em sua natureza criada e como é divino o que lhe é acessível por graça e, ademais, como o homem deve chegar até lá. Outrossim, alude-se nessas palavras a uma grande parte da Sagrada Escritura.

Importa saber, em primeiro lugar – como, aliás, é claro e manifesto –, que o homem tem em si duas espécies de natureza: corpo e espírito. Por isso diz um escrito: Quem se conhece a si mesmo, conhece todas as criaturas, pois todas as criaturas são ou corpo ou espírito. E a Escritura diz do homem que há em nós, um homem exterior e um outro, o homem interior.

Ao homem exterior pertence tudo aquilo que se prende à alma e, contudo, está revestido de carne e misturado com ela e (por isso) opera juntamente com e em cada órgão corporal, com o olho, por exemplo, ou com o ouvido, a língua, a mão etc. A isso tudo a Escritura chama de homem velho, homem terreno, homem exterior, homem inimigo, homem servil.

O outro homem que há em nós é o homem interior; e esse, a Escritura lhe chama homem novo, homem celeste, homem jovem, amigo, e homem nobre. E é desse que fala Nosso Senhor ao dizer que "um homem nobre partiu para uma terra distante e tomou posse de um reino e voltou".

Cumpre saber, outrossim, que no dizer de São Jerônimo, como dos mestres em geral, cada homem, desde o começo de sua existência humana, tem um espírito bom ou anjo, e um espírito mau ou demônio. Os conselhos do anjo bom incitam constantemente ao que é bom, ao que é divino, ao que é virtude e celestial e eterno. O espírito mau aconselha e instiga o homem constantemente ao temporal e transitório e ao que é desvirtude, mau e diabólico. O mesmo espírito mau parlamenta sem cessar com o homem exterior e, através dele, tenta secretamente o homem interior, exatamente como a serpente dialogava com Eva, a mulher, e através dela com o homem Adão (cf. Gn 3,1s.). O homem interior é *Adão*. O *homem* na alma é a árvore boa a que se refere Nosso Senhor (cf. Mt 7,17) e que sempre e sem cessar produz fruto bom. Outrossim, ele é o campo em que Deus implantou sua imagem e semelhança e onde semeia a boa semente, raiz de toda sabedoria, de todas as artes, de todas as virtudes, de toda bondade: a semente de natureza divina (2Pd 1,4). Semente de natureza divina é o Filho de Deus, a Palavra de Deus (Lc 8,11).

O homem exterior é o homem inimigo e mau que semeou e lançou o joio (cf. Mt 13,24s.). Dele diz São Paulo: Deparo em mim algo que me embaraça e é contra o que Deus manda e o que Deus aconselha e o que Deus falou e ainda fala no mais alto e no fundo de minha alma (cf. Rm 7,23). E alhures diz e lamenta: "Homem infeliz que sou! Quem me livrará deste corpo que acarreta a morte?" (Rm 7,24). E em mais outro lugar diz que o espírito do homem e sua carne lutam constantemente um contra o outro. A carne recomenda o vício e a maldade; o espírito inculca o amor de Deus, a alegria, a paz e toda a virtude (cf. Gl 5,17s.). Quem segue o Espírito e vive pelo Espírito e segundo o seu conselho, tem a vida eterna (cf. Gl 6,8). O homem interior é aquele de quem Nosso Senhor diz que "um homem nobre partiu para uma terra distante a fim de tomar posse de um reino". Ele é a árvore boa que, no dizer de Nosso Senhor, produz sempre frutos bons e nunca maus, visto querer a bondade e aspirar à bondade, tal como flutua em si mesma, incontaminada pelo isto e pelo aquilo. O homem exterior é a árvore má que em tempo algum pode dar fruto bom (cf. Mt 7,18).

Da nobreza do homem interior e da desvalia do homem exterior, da carne, dizem também os mestres gentios Túlio e Sêneca: Alma alguma dotada de razão é sem Deus; a semente de Deus está em nós. Tivesse ela um cultor bom, sábio e diligente, tanto melhor medraria e cresceria para Deus de quem é semente, e seu fruto tornar-se-ia igual à natureza de Deus. A semente da pereira desenvolve-se em pereira, a semente da nogueira em nogueira, a semente de Deus, em Deus (cf. 1Jo 3,9). Se, porém, a boa semente tiver um cultor tolo e mau, então cresce o joio, encobrindo e embaraçando a semente boa e não lhe permitindo vir à luz nem germinar. Orígenes, um grande mestre, diz: Como o próprio Deus semeou e implantou e inengendrou esta semente, ela pode certamente ficar encoberta e oculta, nunca porém ser destruída ou em si apagada: ela arde e brilha, resplende e queima, e sem cessar tende para Deus.

O primeiro degrau do homem interior e novo, diz Santo Agostinho, consiste em modelar o homem sua vida pelo exemplo de pessoas boas e santas, mas continuando a caminhar pegado às cadeiras e cosido às paredes, e a sustentar-se com leite.

O segundo degrau é aquele em que o homem já não olha apenas para os modelos exteriores, inclusive os de homens bons, mas corre a buscar, pressuroso, a doutrina e o conselho de Deus e da sabedoria divina, dando as costas à humanidade e voltando o rosto para Deus, deixando o regaço da mãe e sorrindo para o pai.

O terceiro degrau consiste em apartar-se o homem mais e mais de sua mãe e em distanciar-se sempre mais do seu colo, fugindo ao cuidado e depondo o temor, de modo tal que, embora pudesse praticar o mal e a injustiça sem dar escândalo a toda a gente, nem assim quereria fazê-lo; tão íntima é sua união de amor com Deus, e tão zelosa a sua diligência (que não descansa) até que seja introduzido na alegria, na doçura e na bem-aventurança que lhe façam aborrecer tudo que lhe é dessemelhante e alheio.

O quarto degrau consiste em que o homem cresça e se fixe mais e mais no amor e em Deus, dispondo-se assim a enfrentar com vontade e gosto, com sofreguidão e alegria, toda a espécie de provação, de tentação, de contrariedade e de padecimento.

O quinto degrau está em que o homem viva em toda a parte na paz interior, descansando tranquilamente na riqueza e na superabundância da suprema e inefável sabedoria.

O sexto degrau consiste no despojar-se da imagem (humana) e no revestir a imagem da eternidade divina, pelo esquecimento total e perfeito da vida transitória e temporal, de modo tal que, feito filho de Deus, e atraído por Deus, o homem se transmude em imagem de Deus. Degrau ulterior ou mais elevado não há. E ali reinam a paz e a bem-aventurança eternas, pois o fim último do homem interior e do homem novo é: a vida eterna.

Com referência a esse homem interior e nobre, no qual se encontra impressa e implantada a semente de Deus e a imagem de Deus, e à maneira como se manifesta essa semente e essa imagem da natureza e da essência divina, o Filho de Deus, e como dela se toma conhecimento, e também como por vezes ela se oculta, sobre isso o grande mestre Orígenes apresenta uma comparação: O Filho de

Deus, diz, está no fundo da alma como uma fonte viva. Mas se alguém a entupir com terra, isto é, com a cobiça terrena, ela ficará obstruída e oculta e, portanto, despercebida; e, contudo, a nascente permanece viva em si mesma, e logo que se afaste a terra lançada de fora sobre ela, tornará a aparecer e dela nos aperceberemos. E diz ele que a isso se alude no primeiro livro de Moisés, onde está escrito que Abraão cavara poços de água viva no seu campo, mas que uns malfeitores os encheram de terra; todavia, depois de removida a terra, os poços reapareceram, vivos (cf. Gn 26,14s.).

Há mais outra analogia para o caso. O Sol brilha sem cessar; contudo, quando uma nuvem ou a neblina se interpõe entre nós e o Sol, já não lhe percebemos o brilho. Do mesmo modo, quando o olho está doente em si mesmo, e enfermiço, ou velado, é-lhe impossível perceber o brilho. E já tive a oportunidade de propor um outro símile muito claro: quando um mestre faz uma imagem de madeira ou de pedra, ele não introduz a imagem na madeira; o que ele faz é aparar as lascas que ocultavam e encobriam a imagem; não dá coisa alguma à madeira, mas lhe tira e escava a cobertura e afasta a ferrugem, fazendo aparecer o brilho do que jazia oculto debaixo dela. Esse é o tesouro que jazia oculto no campo, como diz Nosso Senhor no Evangelho (Mt 13,44).

Diz Santo Agostinho: Quando a alma do homem se eleva inteiramente à eternidade, e a Deus somente, a imagem de Deus irrompe à luz; mas quando a alma se volta para fora, e fosse para a prática externa da virtude, a imagem de Deus fica totalmente encoberta. E é isso o que deve significar (o costume de) as mulheres trazerem a cabeça coberta, enquanto os homens (a trazem) descoberta, segundo a doutrina de São Paulo (cf. 1Cor 11,4s.). Portanto: tudo aquilo que na alma se volta para baixo recebe um manto ou véu daquilo a que se volta; aquilo porém que na alma se remonta ao alto, isso é pura imagem de Deus, prole de Deus, desvendada e nua na alma desnuda. Do homem nobre – (isto é) de como a imagem de Deus, o Filho de Deus, a semente da natureza divina em nós nunca é destruída, posto que possa ser encoberta – diz o Rei Davi no Livro dos Salmos: Embora acometido de muitas privações, sofrimentos e calamidades, o homem permanece, contudo, na imagem de Deus e a imagem (de Deus) nele (cf. Sl 4,2s.). A luz verdadeira reluz na treva, posto que não a percebamos (cf. Jo 1,5).

"Não repareis na minha tez morena", diz o Livro do Amor. "Sou morena, mas formosa e de boa compleição, mas o Sol me descorou" (Ct 1,5). "O Sol" é a luz deste mundo e significa que (mesmo) o que há de mais sublime e de melhor nas coisas *criadas* e *feitas* encobre e descora a imagem de Deus em nós. "Tira as escórias à prata", diz Salomão, "e terás um vaso puríssimo" (Pr 25,4), a imagem, o Filho de Deus, na alma. E é isso o que Nosso Senhor quer dizer com as palavras: "Um homem nobre partiu", pois o homem deve apartar-se de todas as imagens e de si mesmo, e distanciar-se e desassemelhar-se de tudo isso, se é que realmente quer e deve acolher o Filho e tornar-se filho no seio e no coração do Pai.

Qualquer espécie de mediação é estranha a Deus. "Eu sou", diz Deus, "o Primeiro e o Último" (Ap 22,13). Não há distinção nem na natureza de Deus, nem nas Pessoas em relação à unidade da natureza. A natureza divina é una, e cada Pessoa também é una e é o mesmo uno que é a natureza. A distinção entre ser e essência é tomada como uno e é uno. (Somente) ali onde Ele (i. é, este Uno) não (mais) se contém em si; Ele recebe, possui e produz distinção. Por isso, no uno se encontra a Deus, e quem quer encontrar a Deus deve tornar-se uno. "Um homem", diz Nosso Senhor, "partiu". Na distinção não se encontra nem o uno, nem o ser, nem a Deus, nem repouso, nem bem-aventurança, nem satisfação. Sê uno, para que possas encontrar a Deus! Na verdade, se fosses devidamente uno, também permanecerias uno no distinto, e o distinto tornar-se-ia uno para ti e de modo algum lograria impedir-te. O uno permanece uniformemente uno em mil vezes mil pedras como em quatro pedras, e mil vezes mil é tão certamente um número simples como (o) quatro é um número.

Diz um mestre pagão que o um nasce do Deus supremo. O seu próprio é ser um com o uno. Quem o procura abaixo de Deus ilude-se a si mesmo. E, em quarto lugar, diz o mesmo mestre, esse uno com nada tem amizade mais propriamente dita do que com as virgens ou donzelas, como diz São Paulo: "Dei-vos em matrimônio e desposei-vos como virgens puras ao Uno" (2Cor 11,2). Exatamente assim deveria ser o homem, pois assim fala Nosso Senhor: "*Um* homem partiu".

"Homem", na acepção própria da palavra latina, significa, em um sentido, aquele que com tudo o que é e com tudo o que é seu se sujeita e obedece a Deus e, levantando os olhos ao céu, contempla a Deus, e não o que é seu: isto ele sabe (estar) atrás, abaixo e junto de si. Essa é a humildade perfeita e propriamente dita; esse nome lhe (ao homem) vem da terra. Mas não pretendo estender-me agora sobre esse assunto. A palavra "homem" significa também algo que transcende a natureza, o tempo e tudo o que diz respeito ao tempo ou sabe a tempo; e o mesmo se diga do espaço e da corporeidade. Ademais, esse "homem" de certa forma nada compartilha com coisa alguma, isto é, não se configura ou assemelha com isto nem com aquilo, e nada sabe do Nada, de sorte que em nenhuma parte dele se encontra ou percebe algo do Nada; tão perfeita é sua imunidade ao Nada que nele só encontrarás vida, ser, verdade e bondade puros. Uma pessoa assim é na verdade um homem "nobre", nem menos nem mais.

Há mais outra interpretação e outro ensinamento referente ao que Nosso Senhor chama um "homem nobre". Convém saber, com efeito, que aqueles que conhecem a Deus sem véu, conhecem ao mesmo tempo as criaturas; pois o conhecimento é uma luz da alma, e todos os homens, por natureza, aspiram ao conhecimento, pois mesmo o conhecimento de coisas más é bom. Ora, dizem os mestres: se se conhece a criatura em sua essência própria, isso se chama "conhecimento vespertino", no qual se veem as criaturas em imagens múltiplas e diversas; quando, ao invés, se conhecem as criaturas em Deus, isso se chama, e é, um "conhecimento matutino", e por esse modo se contemplam as criaturas sem quaisquer distinções, e despidas de todas as imagens, e despojadas de toda igualdade no Uno que é o próprio Deus. Também esse é o "homem nobre" do qual diz Nosso Senhor: "Um homem nobre partiu": nobre, porque é uno e conhece a Deus e as criaturas no Uno.

Vou referir e entrar em mais outro sentido do que seja o "homem nobre". Digo pois: quando o homem, a alma, o espírito contempla a Deus, ele se sabe e conhece como conhecente, quer dizer: ele sabe que contempla e conhece a Deus. Ora, houve quem opinasse – como aliás parece ser assaz verossímil – que a flor e o cerne da bem-aventurança residem naquele conhecimento em que o espírito conhece *que* conhece a Deus; pois, se eu tivesse tudo o que é deleite e não o soubesse, que me aproveitaria isso, e que espécie de deleite seria isso para mim? No entanto, eu digo com certeza que assim não é. Embora seja verdade que sem isso a alma não seria bem-aventurada, não obstante, a bem-aventurança não reside nisso; pois a bem-aventurança consiste, primacialmente, em que a alma contemple a Deus sem véu. É nisso que ela recebe todo o seu ser e a sua vida e tira do fundo de Deus tudo o que ela é, sem nada saber de saber nem de amor nem do que quer que seja. A alma se aquieta total e exclusivamente no ser de Deus. Nada sabe ali senão o ser e Deus. Quando, porém, ela sabe e conhece que contempla, conhece e ama a Deus, isso constitui – segundo a ordem natural – uma saída do Primeiro, e um retorno a Ele; pois não se conhece como branco senão quem realmente é branco. Por isso, aquele que se conhece como branco, constrói e trabalha sobre o ser-branco, e não tira o seu conhecer imediatamente e – (enquanto ainda) o ignora – diretamente da cor, mas deriva o conhecer e o saber que tem dela (i. é, da cor) daquilo que calha ser branco, e não exclusivamente da cor em si; antes, tira o conhecer e o saber de alguma coisa colorida ou branca, e se conhece *a si* como branco. Uma coisa branca é algo muito inferior ao ser-branco (ou: à brancura) e muito mais extrínseco do que este. Uma coisa é a parede e outra coisa muito diferente é o fundamento em que assenta a parede.

Dizem os mestres que uma é a força por cuja virtude o olho vê, e outra, a força pela qual ele conhece *que* vê. Aquilo, ou seja, o *ver*, ele o tira exclusivamente da cor, e não do que é colorido. Daí ser perfeitamente indiferente que a coisa colorida seja uma pedra ou (um pedaço) de madeira, um homem ou um anjo: o essencial está unicamente em que tenha cor.

Do mesmo modo, digo eu, o homem nobre colhe e tira todo o seu ser, todo o seu viver e sua bem-aventurança somente de Deus, com Deus e em Deus, e não do conhecer –, contemplar – ou amar-a-Deus ou de algo semelhante. Por isso, diz Nosso Senhor, em palavra feliz e memorável, que a vida eterna consiste nisto: em se conhecer a Deus por único Deus verdadeiro (Jo 17,3), e não: em conhecer que se conhece a Deus. Com efeito, como poderia conhecer-se como conhecendo-a-Deus o homem que não se conhece *a si mesmo*? Pois, certamente, o homem não se conhece a si mesmo nem as demais coisas, antes conhece na verdade a Deus somente quando se torna bem-aventurado e é bem-aventurado na raiz e no fundamento da bem-aventurança. Mas quando a alma conhece *que* conhece a Deus, ela obtém ao mesmo tempo o conhecimento de Deus e de si mesma.

Mas – como já mostrei – há uma força graças à qual o homem vê, e uma outra pela qual sabe e conhece *que* vê. É verdade que agora, cá embaixo, *em nós,* a força pela qual sabemos e conhecemos *que* vemos, é mais nobre e mais elevada do que aquela que nos faz ver; pois a natureza, em suas operações, começa pelo mais ínfimo, ao passo que Deus começa, em suas obras, pelo mais perfeito. A natureza faz o homem a partir da criança, e a galinha, do ovo; Deus, ao invés, faz o homem antes da criança e a galinha antes do ovo. A natureza primeiramente aquece e abrasa a acha, e só depois dá origem ao ser do fogo; mas Deus dá, primeiro, o ser a toda criatura e, depois, no tempo, mas sem tempo, (dá) a cada um em particular tudo o que lhe (i. é, ao ser) pertence. Outrossim, Deus dá o Espírito Santo antes dos dons do Espírito Santo.

Digo, pois, que na verdade não há bem-aventurança sem que o homem tome consciência e bem saiba *que* vê e conhece a Deus; mas Deus me livre de ver nisso o fundamento da minha bem-aventurança! Se há quem se satisfaça com isso, bem lhe haja; mas a mim me causa dó. O calor do fogo e o ser do fogo diferem muito e distam espantosamente um do outro na natureza, ainda que no espaço e no tempo um esteja bem junto ao outro. O contemplar de Deus e o nosso contemplar são completamente distantes e desiguais um do outro.

Por isso, disse Nosso Senhor com muito acerto que "um homem nobre partiu para uma terra distante a fim de tomar posse de um reino e regressar". Pois o homem deve ser um em si mesmo e deve procurá-lo (i. é, o ser-um) em si e no Uno e recebê-lo no Uno, isto é: somente *contemplar* a Deus; e "regressar", isto é: saber e conhecer *que* conhece e sabe a Deus.

Tudo quanto aqui se expôs, o Profeta Ezequiel o predisse ao declarar que "uma águia poderosa, de grandes asas, de longas penas rêmiges, coberta de plumas, de plumagem multicor, veio ao Líbano e colheu a copa de um cedro, arrancou a ponta dos seus ramos e a trouxe para baixo" (Ez 17,3s.). O que Nosso Senhor chama "um homem nobre", o profeta lhe chama "uma grande águia". Ora, quem é mais nobre do que aquele que nasceu, por um lado, do que há de mais elevado e de melhor na criatura e, por outro, do fundo mais íntimo da natureza divina e de sua solidão? "Eu conduzirei a alma nobre à solidão", diz Nosso Senhor no Profeta Oseias, "e ali falarei ao seu coração" (Os 2,14). Um com o Uno, Um do Uno, Um no Uno, e no Uno Um para sempre. Amém.

Tradução de Raimundo Vier, OFM

Parte II
O desprendimento, a completa disponibilidade, a total liberdade

Há uma discussão interminável entre os especialistas acerca da autenticidade deste tratado. A tendência é atribuí-lo ao Mestre Eckhart, apesar de não conter as palavras-chaves de sua mística: o nascimento do Filho na alma, a centelha da alma, o abismo da alma ou a razão superior. Se o texto não fala nesses registros, coloca entretanto as precondições éticas para que o nascimento do Filho aconteça na alma e se acenda a centelha divina no coração.

A palavra Abgeschiedenheit, *como já acenamos anteriormente, é de difícil tradução. Por isso devemos pensar em sinônimos como desprendimento, completa disponibilidade e total liberdade. Esse conceito traduz a própria natureza de Deus e o processo do ser humano no caminho de assemelhamento de Deus. É um dos textos maiores da mística cristã evocando traços da mística oriental.*

A tradução foi feita do alemão (Von Abgeschiedenheit: Meister Eckharts Traktate. Die deutschen Werke V, W. Kohlhammer, Stuttgart, 1963, 539-547).

Tenho lido muitos escritos, tanto de mestres pagãos como de profetas do Antigo e do Novo Testamento, e procurei com sinceridade e com todo o empenho a mais alta e a melhor das virtudes, ou seja: a que capacite o homem a melhor e mais estreitamente unir-se a Deus e a tornar-se por graça o que Deus é por natureza, e que mais o assemelhe à imagem que dele havia em Deus e na qual não havia diferença entre ele e Deus, antes que Deus produzisse as criaturas. E quando perscruto todos aqueles escritos, tanto quanto a razão mo permite e é capaz de percebê-lo, outra coisa não encontro senão esta: que o puro desprendimento ou total disponibilidade tudo supera, pois de certa forma, todas as virtudes visam à criatura, ao passo que o desprendimento está desvinculado de todas as criaturas. Eis por que Nosso Senhor disse a Marta: *Unum est necessarium* (Lc 10,42), isto é: Marta, quem quer ter a paz e ser puro deve possuir uma coisa: o desprendimento ou a perfeita liberdade.

Os mestres louvam grandemente a caridade, a exemplo de São Paulo, que diz: Seja qual for a obra que eu faça, se não tiver a caridade, nada sou (cf. 1Cor 13,1s.). Quanto a mim, mais que toda a caridade, louvo o desprendimento. E isso porque, em primeiro lugar, o que há de melhor na caridade é que ela me força a amar a Deus, ao passo que o desprendimento força a Deus a me amar. Ora, é preferível, de muito, forçar a Deus a vir a mim do que forçar-me a ir a Deus. E isso, porque Deus pode entrar mais intimamente em mim e unir-se melhor comigo do que eu poderia unir-me com Deus. Que o desprendimento força Deus a vir a mim, provo-o assim: A cada coisa agrada estar no lugar que lhe é natural e próprio. Mas o lugar natural e próprio de Deus é a unidade e a pureza nascida do desprendimento. É necessário, pois, que Deus se dê a um coração desprendido. Em segundo lugar, louvo o desprendimento mais que a caridade porque a caridade me força a suportar todas as coisas por causa de Deus, ao passo que o desprendimento faz com que eu não seja acessível senão a Deus. Ora, não ser acessível senão a Deus vale muito mais do que suportar todas as coisas por causa de Deus. Pois no sofrimento o homem visa [ainda], de certa forma, à criatura da qual se origina o sofrimento humano, ao passo que o desprendimento está completamente desatado de toda criatura. E que o desprendimento não dá acesso senão a Deus, eu o provo assim: O que deve ser acolhido deve ser acolhido em alguma coisa. O desprendimento, porém, tão perto está do Nada que coisa alguma é sutil bastante para nele ter lugar, a não ser Deus somente. Só Ele, com efeito, é simples e sutil bastante para bem caber no coração desprendido. É por isso que o desprendimento não dá acesso senão a Deus.

Acima de muitas outras virtudes, os mestres louvam também a humildade. Eu, porém, louvo o desprendimento e a total disponibilidade sobre toda humildade; e isso porque pode haver humildade sem desprendimento, mas não pode haver desprendimento perfeito sem humildade perfeita, pois a humildade perfeita tende à anulação do próprio eu. Mas o desprendimento toca tão de perto o Nada que não há o que se interponha entre o desprendimento perfeito e o Nada. Eis por que não pode haver desprendimento perfeito sem humildade. Ora, duas virtudes sempre valem mais do que uma só. O segundo motivo que me induz a louvar o desprendimento sobre a humildade é que a humildade perfeita se inclina a todas as criaturas e, nessa inclinação, o homem sai de si, em direção às criaturas, enquanto o desprendimento permanece em si mesmo. Ora, jamais o sair de si é tão nobre que o permanecer em si mesmo não seja mais nobre ainda. Por isso dizia o Profeta Davi: *Omnis gloria eius filiae regis ab intus*, isto é: Toda a glória da filha do rei lhe vem do interior (Sl 44,14). O desprendimento perfeito ou a total disponibilidade não pretende submeter-se nem sobrepor-se a criatura alguma; não quer estar abaixo nem acima; o que ele quer é estar ali por si mesmo, sem querer bem nem mal a ninguém, sem querer ser igual ou desigual a criatura alguma, sem querer ser isto ou aquilo: quer apenas ser, e nada mais. Quanto a ser isto ou aquilo, ele não o quer, pois quem quer ser isto ou aquilo quer ser alguma coisa, ao passo que o desprendimento não quer ser coisa alguma. Por isso deixa estar todas as coisas, sem importuná-las.

Mas, dirá alguém: Todas as virtudes certamente se encontravam de forma perfeita em Nossa Senhora; logo devia haver nela também um desprendimento perfeito. E, se o desprendimento é superior à humildade, por que Nossa Senhora se gloriou de sua humildade, e não de seu desprendimento, quando disse: *Quia respexit Dominus humilitatem ancillae suae*, isto é: Ele olhou a humildade da sua serva (Lc 1,48) – por que não disse, pois: Ele olhou o desprendimento da sua serva? A isso respondo que em Deus há desprendimento *e* humildade, na medida em que podemos atribuir virtudes a Deus. Ora, deves saber que foi a humildade prenhe de amor que o moveu a inclinar-se à natureza humana, enquanto o seu desprendimento permaneceu imóvel em si mesmo quando Deus se fez homem e, bem assim, quando criou o céu e a terra, como te explicarei depois. E porque Nosso Senhor, quando quis fazer-se homem, permaneceu imóvel em seu desprendimento, Nossa Senhora bem sabia que Ele desejava dela a mesma coisa e que, nesta ocasião, Ele olhou a sua humildade, e não o seu desprendimento. Eis por que ela permaneceu imóvel em seu desprendimento e se gloriou de sua humildade, e não de seu desprendimento. E se tivesse mencionado, com uma palavra sequer, o seu desprendimento, dizendo: Ele olhou o meu desprendimento, o desprendimento ter-se-ia turvado, deixando de ser total e perfeito, pois, no caso, ele teria saído de si mesmo. Ora, nenhuma saída, por pequena que seja, pode deixar intacto o desprendimento. Eis aí por que Nossa Senhora se gloriou da sua humildade, e não do seu desprendimento. Por isso disse o profeta: *Audiam quid loquatur in me Dominus Deus*, isto é: Calar-me-ei e ouvirei o que o meu Senhor e meu Deus me inspirar, como se dissera: Se Deus quiser falar-me, que venha para dentro de mim, pois que não quero sair.

Também louvo o desprendimento ou a disponibilidade mais que toda misericórdia, porque a misericórdia consiste em sair o homem de si mesmo para ir ao encontro das misérias do próximo que lhe afligem o coração. O desprendimento fica isento disso e permanece em si mesmo, sem deixar-se afligir por coisa alguma. Pois, enquanto alguma coisa é capaz de afligir o homem, este não é tal como deveria ser. Em suma: considerando todas as virtudes, nenhuma deparo tão livre de vício e tão apta a unir a Deus quanto o desprendimento.

Diz um mestre chamado Avicena: tamanha é a nobreza do homem desprendido que tudo o que ele contempla é verdade, tudo o que ele deseja lhe é dado e tudo o que ele manda deve ser obedecido. E eis uma verdade que deves saber: Quando o espírito livre se mantém verdadeiramente desprendido, ele força Deus a vir ao seu ser; e, se pudesse subsistir sem forma alguma e sem quaisquer acidentes, ele assumiria o ser próprio de Deus. Mas tal ser Deus a ninguém pode dá-lo senão a si mesmo; eis por que Deus nada mais pode fazer pelo espírito desprendido do que dar-se-lhe a si mesmo. E o homem que assim permanece em total desprendimento é de tal modo arrebatado à eternidade que nada de efêmero é capaz de o abalar, e em nada o afeta o ser corporal. De um tal se diz que está morto para o mundo, visto não sentir mais gosto algum pelas coisas terrenas. É o que pensava São Paulo, ao dizer: "Eu vivo e, no entanto, não vivo; é Cristo que vive em mim" (Gl 2,20).

Mas perguntarás: Que é o desprendimento, para ser tão nobre em si mesmo? Quanto a esse ponto deves saber que o verdadeiro desprendimento ou a completa disponibilidade nada mais é senão isto: que o espírito permaneça tão insensível em face de todas as vicissitudes da alegria e da dor, das honrarias, dos ultrajes e dos insultos, como uma montanha de chumbo é insensível a um sopro de vento. Tal desprendimento inabalável conduz o homem à máxima semelhança com Deus. Pois o ser Deus, Deus o deve ao seu desprendimento imutável; e do desprendimento lhe vem a pureza e a simplicidade e a imutabilidade. Assim sendo, se o homem deve assemelhar-se a Deus, na medida em que uma criatura pode ser semelhante a Deus, isso se fará pelo desprendimento. Pois este conduz o homem à pureza, e da pureza à simplicidade, e da simplicidade à imutabilidade. Donde resulta uma semelhança entre Deus e o homem, mas tal semelhança deve nascer da graça, pois é a graça que desprende o homem de todas as coisas temporais e o purifica de todas as coisas passageiras. E sabe que estar vazio de toda criatura é estar cheio de Deus, e estar cheio de toda criatura é estar vazio de Deus.

Pois bem: deves saber que, desde toda a eternidade, Deus esteve, como ainda está, nesse desprendimento imutável e, ademais, que a criação do céu e da terra tampouco lhe afetou o desprendimento imutável como se jamais criatura alguma fora criada. Digo mais: todas as orações e boas obras tampouco perturbam o desprendimento divino como se nunca no tempo uma oração ou boa obra fosse feita, e nem Deus se torna mais benigno ou mais disposto em relação ao homem do que o seria se este jamais tivesse feito oração ou obras boas. Digo, outrossim: quando o Filho na Deidade quis fazer-se homem, e homem se fez, e sofreu o martírio, o desprendimento imutável de Deus não mais se alterou do que se jamais se humanara. Ao que poderias dizer: entendo, pois, que toda oração e todas as boas obras ficam perdidas, dado que Deus não as acolhe como alguém que fosse movido por elas; mas não obstante se diz: Deus quer que lhe peçamos todas as coisas! Aqui deves escutar-me com atenção e entender corretamente, se o puderes, que Deus, em seu primeiro olhar eterno – se é que podemos admitir aqui um primeiro olhar –, viu todas as coisas assim como sucederiam, e nesse mesmo olhar, Ele viu quando e como queria produzir as criaturas, e quando o Filho tencionava humanar-se e sofrer. Viu também as mais humildes orações e boas obras que o homem faria; viu as preces e oferendas piedosas que queria ou devia atender; viu que tencionas invocá-lo e rogá-lo com sinceridade no dia de amanhã, mas não é amanhã que Deus quer atender a tua invocação e a tua oração, pois acolheu-a em sua eternidade, antes mesmo que tu fosses homem. Mas se não rogares com instância e seriedade, não será agora que Deus deixará de atender-te, pois já deixou de fazê-lo em sua eternidade. E assim, no seu primeiro olhar eterno, Deus viu todas as coisas, e Ele nada cria de novo, pois tudo foi feito por Ele de antemão. E assim Deus persiste em todo o tempo em seu desprendimento imutável, mas nem por isso se perdem as orações e boas obras dos homens, pois quem faz o bem é recompensado, e quem faz o mal também é remunerado conforme o mereça. É o que diz Santo Agostinho no quinto livro *Da Trindade*, no último capítulo: *Deus autem...*, isto é: Deus nos guarde de dizer que Ele ama a alguém no tempo, pois para Ele nada é passado e nada é futuro; Ele amou a todos os santos antes que o mundo fosse criado, assim como os anteviu. E, chegada a hora em que torna visível no tempo o que viu na eternidade, as pessoas imaginam que Deus lhes vote um novo amor; da mesma forma, quando Deus se irrita ou nos concede algum bem, somos nós que nos transformamos; Deus, porém, permanece imutável, assim como a luz do Sol faz mal aos olhos enfermiços, e bem aos sadios, conquanto a luz solar permaneça imutável em si mesma. Santo Agostinho trata do mesmo assunto no livro doze *Da Trindade,* cap. quatro: *Nam Deus non ad tempus videt, nec aliquid fit novi in eius visione*: Deus não vê segundo o tempo, e nada se faz de novo em sua visão. Isidoro exprime o mesmo pensamento no livro *Do Bem Supremo*: "Muitas pessoas perguntam: O que fazia Deus antes de criar o céu e a terra, ou então: De onde lhe veio a vontade nova de formar as criaturas?" E responde assim: "Jamais houve em Deus uma vontade nova, pois, conquanto a criatura não existisse em si mesma tal como é agora, ela esteve eternamente em Deus e na razão de Deus". Deus não criou o céu e a terra assim como dizemos nós, no curso do tempo: "Que tal coisa se faça!", pois todas as criaturas estão expressas no Verbo Eterno. Podemos citar, ainda, a palavra do Senhor a Moisés quando esse lhe perguntou: "Senhor, se o faraó me perguntar: 'Quem és Tu', que lhe responderei?" O Senhor respondeu: "Dir-lhe-ás: Aquele que É me enviou" (Ex 3,13s.). Isto é, aquele que é imutável em si mesmo foi quem me enviou.

Mas dirá alguém: Também o Cristo teve um desprendimento imutável quando disse: "A minha alma está triste até a morte" (Mt 26,38), e Maria, quando estava ao pé da cruz – e muito se fala de sua lamentação –, como se pode conciliar tudo isso com o desprendimento imutável? Aqui deves saber o que dizem os mestres. Em cada ser humano há dois homens diferentes: um se chama o homem exterior, isto é, o ser sensitivo; serve-se dos cinco sentidos e, no entanto, o homem exterior *atua* em virtude da sua alma. O outro chama-se o homem interior, e é a interioridade do homem. Ora, deves saber que um homem espiritual e amante de Deus não recorre às potências da alma no homem exterior senão quando os cinco sentidos o necessitam; e a interioridade não se volta aos cinco sentidos senão enquanto é seu chefe e guia, guardando-os de se entregarem como os animais ao seu objeto sensível, tal como o fazem certas pessoas que vivem na libertinagem dos seus desejos carnais, e procedendo como animais sem razão; tais pessoas mais propriamente se chamam animais do que homens! E as potências que a alma possui para além daquilo que aplica aos cinco sentidos, ela as consagra inteiramente ao homem interior. E quando esse homem se volta para uma coisa elevada e nobre, ela toma a si todas as potências que emprestou aos cinco sentidos, e então se diz que o homem está fora dos seus sentidos e arrebatado; pois seu objeto é uma imagem intelectual ou uma coisa intelectual sem imagem. Mas deves saber que aquilo que

Deus espera de todo homem espiritual é que este o *ame* com *todas* as potências da alma. Por isso disse: "Ama o teu Deus com todo o teu coração!" (Mc 12,30). Ora, certas pessoas despendem absolutamente todas as potências da alma no homem exterior. São as que voltam totalmente os sentidos e a razão aos bens passageiros; essas nada sabem do homem interior. Cumpre que saibas, porém, que o homem exterior pode estar ativo, enquanto o homem interior permanece totalmente livre e inalterado. Ora, também no Cristo havia um homem exterior e um interior, como também em Nossa Senhora. E quando o Cristo e Nossa Senhora falavam sobre assuntos exteriores, eles o faziam segundo o homem exterior, enquanto o homem interior permanecia inabalável no desprendimento. Assim, quando o Cristo disse: "A minha alma está triste até a morte", e quando Nossa Senhora se lamentava ou falava de outras coisas quaisquer, o seu interior mantinha-se imutavelmente desprendido. E eis uma comparação. Uma porta se abre e se fecha sobre um gonzo. Pois eu comparo a tábua externa da porta ao homem exterior, e o gonzo, ao homem interior. Ora, quando a porta se abre e se fecha, a tábua externa se move de cá para lá; o gonzo, porém, permanece imóvel no seu lugar e por isso nunca se muda. O mesmo ocorre aqui, se o compreenderes bem.

E agora pergunto pelo objeto do desprendimento puro. E respondo: O objeto do desprendimento puro não é isto nem aquilo. Ele assenta num puro nada, e vou dizer-te por quê. O desprendimento puro assenta naquilo que há de mais elevado. Ora, ali se encontra aquele em cujo íntimo Deus pode agir segundo a sua vontade total. Mas não é em *todos* os corações que Deus pode agir segundo a sua vontade total, pois embora seja todo-poderoso, só pode agir conforme a disposição que depara, ou cria. E digo "ou cria" por causa de São Paulo, porque nele Deus não encontrou disposição alguma, porém o dispôs pela infusão da graça. Por isso digo: Deus age consoante a disposição que encontra. Sua operação é diferente no homem e na pedra. Temos disso um símile natural: quando se acende um forno e nele se introduz uma massa de aveia, uma de cevada, uma de centeio e uma de trigo, o calor no forno é um só e, todavia, ele não age do mesmo modo nas massas; pois uma se torna um pão bonito, a outra se torna mais grosseira, e a terceira fica mais grosseira ainda. A culpa não é do fogo, e sim, da matéria, que é diferente. Da mesma forma Deus não opera igualmente em todos os corações; opera conforme a disposição e a receptividade que encontra. Se algum coração contém isto ou aquilo, pode haver no "isto ou aquilo" alguma coisa que não lhe permite operar segundo o modo mais elevado. Para estar disposto para o mais elevado, o coração deve assentar num puro nada, onde há também um máximo de possibilidade. E como o coração desprendido se encontra no que há de mais elevado, força lhe é quedar-se no nada, pois ali se encontra o máximo de receptividade. Para tomar uma comparação à natureza: quando quero escrever numa tabuleta de cera, o que nela está escrito, por mais nobre que seja, não deixa de constituir um estorvo, pois não me permite escrever ali; se, não obstante, eu quiser escrever, terei de eliminar e apagar tudo o que está escrito nela. E a tabuleta nunca se prestará melhor à escrita do que quando nada estiver escrito nela. Da mesma forma, para que Deus possa escrever do modo mais elevado em meu coração, mister se faz que saia do coração tudo o que possa chamar-se isto ou aquilo; e tal é, inteiramente, o caso do coração desprendido. E por isso Deus pode agir nele da maneira mais elevada e segundo a sua vontade soberana. Eis por que o objeto do coração desprendido não é isto nem aquilo.

E agora, outra pergunta: Qual é a oração do coração desprendido? Respondo e digo que a pureza desprendida não *pode* orar, pois quem ora deseja obter alguma coisa de Deus, ou então, deseja que Deus lhe tire alguma coisa. Mas o coração desprendido não deseja nada, como nada tem do que deseje ver-se livre. Por isso dispensa toda oração, e sua oração outra coisa não é senão o estar conforme com Deus. É nisso que consiste toda a sua oração. A propósito disso podemos citar a palavra de São Dionísio sobre o dito de São Paulo: "Muitos são os que correm para obter a coroa, e, no entanto, ela será atribuída a um só" (cf. 1Cor 9,24). Todas as potências da alma correm para obter a coroa que, no entanto, só é atribuída à essência. Dionísio, pois, diz: "A corrida não é senão o abandono de todas as criaturas e a união ao Incriado". E quando o alcança, a alma perde o seu nome e Deus a atrai para dentro de si, de modo a já não ser nada em si mesma, assim como o Sol atrai a si o arrebol, reduzindo-o a nada. A isso, só o desprendimento puro é capaz de conduzir o homem. Podemos citar também a palavra de Santo Agostinho: há, para a alma, um acesso secreto à natureza divina, onde todas as coisas se anulam para ela. Cá embaixo, este acesso outra coisa não é senão o desprendimento puro. E quando tal desprendimento alcança o seu ponto mais alto, seu conhecimento se torna desconhecimento; seu amor, desamor; e sua luz, escuridão. Podemos citar ainda o que diz um mestre: pobres de espírito são aqueles que entregaram todas as coisas a Deus, assim como Ele as possuía quando não éramos. Só um coração puro e desprendido é capaz de assim proceder. Que Deus prefere estar num coração desprendido a estar em todos os outros corações, nós o reconhecemos nisso: Se me perguntares: "O que procura Deus em todas as coisas?", eu te respondo com o Livro da Sabedoria, onde Ele diz: "Em todas as coisas procuro o repouso" (Ecl 24,11). Em lugar algum, porém, há repouso completo, salvo no coração desprendido. Por isso é ali que Deus gosta de estar, mais do que em outras virtudes ou em outras coisas quaisquer. Deves saber também que quanto mais o homem se esforçar em dispor-se ao influxo divino, tanto mais feliz será; e o que mostrar um máximo de disposição, gozará de um máximo de felicidade. Ora, ninguém pode abrir-se ao influxo divino, salvo pela conformidade com Deus. Com efeito, quanto mais o homem for conforme com Deus, tanto mais acessível será ao influxo divino. Ora, a conformidade nasce da submissão do homem a Deus; e, ao contrário, quanto mais o homem se submeter à criatura, tanto menos conforme será com Deus. Mas o coração puro e desprendido está livre de toda criatura. Eis por que é totalmente submisso a Deus. E assim, a um tempo, é sumamente conforme com Deus e sumamente acessível ao influxo divino. É o que São Paulo quer exprimir quando diz: "Revesti-vos do Cristo!" Isto é, pela conformidade com o Cristo; pois o revestir-se dele não se torna possível senão pela conformidade com o Cristo. E fica sabendo que quando o Cristo se fez homem não revestiu um homem: revestiu à natureza humana. Despoja-te, pois, de todas as coisas, e só restará o que Cristo revestiu, e assim terás revestido o Cristo.

Quem quiser conhecer a nobreza e a utilidade do desprendimento perfeito deve considerar as palavras que Cristo proferiu a respeito de sua humanidade quando disse aos discípulos: "Convém a vós que eu vá. Porque, se eu não for, não virá a vós o Espírito Santo" (Jo 16,7), como se dissesse: Sentistes agrado demais em minha figura presente, e por isso não podeis receber a alegria perfeita do Espírito Santo. Rejeitai, pois, a imagem visível e uni-vos ao Ser sem forma, pois a consolação espiritual é de natureza mui sutil e só se oferece a quem despreza a consolação carnal.

E agora prestai atenção, todos vós, homens sensatos! Ninguém é mais alegre do que o homem soberanamente desprendido. Não há consolação carnal ou corporal que não seja nociva ao espírito, "pois a carne tem desejos contrários aos do espírito, e o espírito, aos da carne" (Gl 5,17). Todo aquele, pois, que semear o amor desregrado na carne, colherá a morte eterna, e todo aquele que no Espírito semear o amor verdadeiro, do Espírito colherá a vida eterna. Portanto, quanto mais depressa o homem fugir da criatura, mais depressa lhe acudirá o Criador.

Prestai atenção, todos vós, homens sensatos! Se já o agrado que possamos ter na figura corporal do Cristo chega a obstar que venha a nós o Espírito Santo, quanto mais o prazer desenfreado da consolação passageira nos vedará o acesso a Deus! Eis por que o desprendimento é o que há de mais excelente, pois é ele que purifica a alma e perlava a consciência, inflama o coração e desperta o espírito, espicaça o desejo e faz conhecer a Deus, separa da criatura e une-se a Deus.

Prestai atenção, vós todos, homens sensatos! O animal mais veloz que a tal perfeição nos conduz é o sofrimento, pois quem compartilha a amargura suprema do Cristo mais que ninguém há de saborear-lhe a doçura eterna. Nada é mais amargo do que o sofrer, e nada mais doce do que o ter sofrido. Aos olhos dos homens, o que mais desfigura o corpo é o sofrer; aos olhos de Deus, o que mais embeleza a alma é o ter sofrido. O fundamento mais sólido de tal perfeição é a humildade. Com efeito, o espírito daquele cuja natureza cá embaixo rasteja na mais profunda abjeção, voa ao mais alto da Divindade, pois o amor traz sofrimento, e o sofrimento, amor. Todo aquele, pois, que aspira ao desprendimento perfeito, que busque a perfeita humildade, e assim chegará bem perto de Deus.

Que lá cheguemos todos, no-lo outorgue o desprendimento supremo – o próprio Deus. Amém.

Tradução de Raimundo Vier, OFM

PARTE III
Seis sermões do Mestre Eckhart

O Mestre Eckhart deixou muitos sermões em latim e em alemão. Diversamente dos pregadores de seu tempo que nos legaram sermonários, os sermões de Eckhart são relativamente curtos e extremamente concentrados na temática proposta.

O primeiro sermão Deus é um *é traduzido do latim (Meister Eckhart. Die lateinischen Werke IV, W. Kohlhammer, Stuttgart 1956, 263-270).*

Os outros 5 sermões são traduzidos do alemão (Meister Eckhart, Die deutschen Werke, vols. I-III, W. Kohlhammer, 1958-1975).

1
Deus é Um
(Sermão n. 29)

*Décimo terceiro domingo depois da
Santíssima Trindade.
Sobre a epístola* (Gl 3,16-22).
Deus é um (Gl 3,20 e Dt 6,4).

Deus. Diz Anselmo: Deus é o ser em comparação ao qual nada de melhor se pode pensar. E Agostinho diz no cap. 11 do 1º livro *Da doutrina cristã*: "o Deus supremo é pensado como algo em comparação ao qual nada há de melhor e mais sublime". E mais adiante: "não se encontrará pessoa alguma que creia ser Deus um ser tal que possa haver algo melhor do que Ele". Bernardo pergunta no 5º livro *Da meditação*: "Que é Deus? O ser em comparação ao qual nada pode ser pensado de melhor". E Sêneca, no prólogo das *Questões naturais*: "Que é Deus? O todo que vês, e o todo que não vês. Assim se lhe reconhece a sua grandeza: em que nada de maior se pode excogitar".

Deus é infinito em sua simplicidade e simples em sua infinidade. Por isso está em toda a parte e em toda a parte todo inteiro. Em toda a parte mercê de sua infinidade, mas todo inteiro em toda a parte mercê de sua simplicidade. Só Deus se infunde em todas as coisas, em suas essências. Das demais coisas, porém, nenhuma se infunde em outra. Deus está no mais íntimo de cada coisa, e só no mais íntimo, e somente Ele *é Um.*

Cumpre notar que cada criatura ama em Deus o um e o ama por causa do um, e o ama porque é um. Primeiro, porque tudo o que é, ama e busca a semelhança de Deus. A semelhança, porém, é uma certa unidade ou a unidade de certas coisas.

Segundo, (porque) no um jamais há dor ou pena ou enfado, e nem sequer há nele passibilidade ou mortalidade.

Terceiro, porque no um, enquanto é um, estão todas as coisas. Pois toda multidão é una e um, no Um e pelo Um.

E quarto, porque não amaríamos nem o poder nem a sabedoria nem a bondade como tal, nem mesmo o ser, se não se unissem conosco e nós com eles.

Quinto, porque o que ama verdadeiramente só pode amar um só. Por isso, à palavra *Deus é um* segue-se a outra: "Amarás ao Senhor teu Deus com todo o teu coração" (Dt 6,5). E sem dúvida, (o que ama) quer que aquilo que ele ama com todo o seu ser seja um só.

Sexto, porque ele quer unir-se ao amado. O que não lhe é possível se este não for um. Além disso, Deus só une a si porque é um e enquanto é um. Além disso, pelo fato mesmo de ser um, ele deve necessariamente unir todas as coisas e uni-las em si e consigo.

Sétimo, porque o um é indistinto de todas as coisas. Logo, nele, em razão da indistinção ou unidade, estão todas as coisas e a plenitude do ser.

Oitavo, repara bem que o um, em sentido próprio, diz respeito ao todo e ao perfeito. Pelo que, mais uma vez, nada lhe falta.

Nono, nota que o um, por essência, se refere ao próprio ser ou à essência – ou, mais exatamente, à essência una. Pois também a essência é sempre uma só, e em razão da unidade compete-lhe a união ou o ser unido.

Cumpre notar, portanto, que aquele que verdadeiramente ama a Deus como ao um e por causa do um e da união, de modo nenhum se preocupa ou interessa pela onipotência ou pela sabedoria de Deus, porque estas pertencem a vários e dizem respeito a coisas várias. Tampouco se preocupa com a bondade em geral: primeiro, porque ela se refere ao que é exterior e está nas coisas e, segundo, porque a bondade consiste na adesão: "aderir a Deus, para mim, é o bem" (Sl 72,28).

Décimo, nota que o um é mais alto, anterior e mais simples do que o bom, e está mais perto do ser e de Deus; ou, antes, consoante o seu nome, é um só ser com o próprio ser.

Undécimo, Deus é profusamente rico, por isso que é um. Com efeito, Ele é o primeiro e o supremo pela simples razão de ser uno. Por isso o um desce para todas as coisas e para cada coisa singular, mas continuando sempre a ser um e unindo as coisas separadas. Por isso o seis não é duas vezes três, mas seis vezes um.

Ouve, pois, Israel, o teu Deus é um único Deus. A isto, nota que a unidade ou o um parece ser o próprio e a propriedade do intelecto somente. Pois consta que os seres materiais são unos e, contudo, não unos, visto serem extensos ou, pelo menos, compostos de matéria e forma. Os seres imateriais ou espirituais, por sua vez, são não unos, ou porque neles a essência não é idêntica ao ser, ou então, e talvez melhor, porque neles o ser não é idêntico ao pensar. São, pois, compostos de ser e essência ou de ser e pensar. Ver no livro *Das causas* o comentário à última proposição. Por isso se diz significativamente: *o teu Deus é um Deus único*, o Deus de Israel, o Deus vidente, o Deus dos videntes, isto é, o que pensa e é apreendido pelo só intelecto, o que é totalmente intelecto.

Deus é um. Notar que isto pode entender-se de dois modos. Primeiro, assim: *Deus, o Um, é.* Com efeito, por isso mesmo que é um, compete-lhe o ser; isto é, que seja o seu ser, que seja ser puro, que seja o ser de todas as coisas. Segundo, assim: *o teu Deus é um Deus único,* no sentido de: nada de outro é verdadeiramente um, porque nada de criado é puro ser e totalmente intelecto. Pois (se o fosse) já não seria criável. Ademais, a respeito de cada coisa eu pergunto se há nela intelecto ou pensar ou não. Se não há, consta que isto, que carece de intelecto, não é Deus ou a primeira causa de todas as coisas que tão (manifestamente) estão ordenadas a determinados fins. Se, porém, há intelecto nela, então pergunto se há nela algum ser além do pensar ou não. Se não, então já tenho (a certeza de) que é um simples Um, e ademais, que é incriável, primeiro etc. e, portanto, que é Deus. Mas se tiver algum ser distinto do pensar, então é algo composto, e não simplesmente um. Evidencia-se, pois, claramente, que Deus é, em sentido próprio, um só, e que Ele é intelecto ou pensar, e que é só e simplesmente pensar, sem acréscimo de outro ser. Por isso só Deus, pelo intelecto, produz as coisas no ser, porque só nele o ser e o pensar são idênticos. Ademais (evidencia-se) que fora dele nada pode ser pensamento puro, senão que (tudo o mais) tem um ser diferente do pensar; do contrário, não seria criatura, porque o pensar é incriável, e porque "a primeira das coisas criadas é o ser".

Com base no exposto, nota que tudo o que segue ao uno ou à unidade, a saber, a igualdade, a semelhança, a imagem, a relação e outras coisas tais, estão, todas elas, propriamente só em Deus. Por isso diz Agostinho no livro *Da verdadeira religião*, cap. 53 (c. 30, n. 55): "porém a verdadeira igualdade ou semelhança (e a verdadeira e primeira unidade não se veem com os olhos carnais, nem com outro sentido qualquer, e sim com o espírito)".

A razão disso está em que, primeiro, (a igualdade, a semelhança etc.) sucedem à unidade; e esta, como se disse, é própria a Deus.

Segundo, tudo isso denota unidade em muitos. Esta, porém, não existe em lugar ou tempo algum, a não ser no intelecto, e mesmo ali ela não *é,* mas é pensada. Logo, ali onde o ser não é o pensar, nunca há igualdade. Mas só em Deus o ser é idêntico ao pensar.

Terceiro, duas coisas que são semelhantes ou iguais não podem ser a própria semelhança ou a própria igualdade etc.

Quarto, nunca, no Universo, há duas coisas totalmente iguais, nem duas coisas que quadrem de todo em todo uma com a outra. Caso contrário já não seriam duas, nem se relacionariam (entre si).

Quinto, fora do intelecto só e sempre se encontra e depara a diversidade, a diferença de forma, e outras coisas tais: "Tu, porém, és eternamente o mesmo" (Sl 101,13).

Do exposto se pode depreender de que modo "aquele que se une a Deus constitui, com Ele, um só espírito" (1Cor 6,17). Pois o intelecto é, propriamente, de Deus; *Deus*, porém, é *um*. Logo, o quanto cada qual tem de intelecto ou de capacidade intelectual, tanto tem de Deus, tanto do um e tanto do ser-um com Deus. Pois o Deus uno é intelecto, e o intelecto é o Deus uno. Por isso Deus nunca e nenhures é Deus, salvo no intelecto. Agostinho diz no cap. 15 do livro X (c. 24, n. 35) das *Confissões*: "onde encontrei a verdade, aí encontrei o meu Deus, a mesma Verdade". Portanto, subir ao intelecto, e submeter-se a ele, é unir-se com Deus. Unir-se, ser um, é ser um com Deus. Pois *Deus é um*. Todo o ser além do intelecto, fora do intelecto, é criatura, é criável, é algo outro do que é Deus, não é Deus. Pois em Deus nada há de outro.

Ato e potência são divisões da universalidade do ser criado. O ser, porém, é o ato primeiro, e, portanto, a primeira divisão. No intelecto, porém, em Deus, não há divisão. Por essa razão a Escritura sempre exorta (o homem) a deixar este mundo, a deixar-se a si mesmo, a esquecer a sua casa e a casa da sua família, a deixar a sua terra e a sua parentela, a fim de fazer-se um grande povo, a fim de que todos os povos sejam nele abençoados (cf. Gn 12,1-3). Isso se realiza de modo excelente no domínio do intelecto, onde, sem dúvida, outra coisa não sendo senão intelecto, todas as coisas estão em todas as coisas.

Tradução de Raimundo Vier, OFM

2
Deus é Um, Ele é um negar do negar (Sermão n. 21)

Unus deus et pater omnium etc. (Ef 4,6).

Eu disse, em latim, uma palavra que São Paulo diz na Epístola: "Um Deus e Pai de todos, que é bendito acima de todos e por todos e em nós todos" (Ef 4,6). Uma outra palavra eu a tomo do Evangelho, onde Nosso Senhor diz: "Amigo, passa mais para cima, sobe mais para cima" (Lc 14,10).

Na primeira, onde Paulo diz: "Um Deus e Pai de todos", ele silencia uma palavrinha que contém em si um momento de mudança. Quando diz: "*um* Deus", ele quer significar que Deus é Um em si mesmo e separado de tudo. Deus não pertence a ninguém, e ninguém lhe pertence; Deus é Um. Diz Boécio: Deus é Um e não se muda. Tudo o que Deus jamais criou, Ele o criou sujeito à mudança. Todas as coisas, assim como são criadas, (assim) são portadoras de mutabilidade.

Isso quer dizer que devemos ser um em nós mesmos e separados de tudo e, firmemente imóveis, devemos ser um com Deus. Fora de Deus nada há senão o Nada. Por isso é impossível que em Deus possa haver qualquer espécie de transformação ou mudança. O que procura um outro lugar fora de si, isso se modifica. Deus (porém) tem todas as coisas em si em *uma* plenitude; por isso nada procura fora de si mesmo, mas só na plenitude, tal como está em Deus. O modo como Deus a traz em si, criatura alguma é capaz de compreendê-lo.

Um segundo ensinamento (o colhemos ali) onde ele diz: "Pai de todos, tu és bendito". *Esta* palavra, sim, inclui em si um momento de mudança. Com dizer "Pai" ele já está pensando em nós também. Se Ele é nosso *Pai,* então nós somos os seus *filhos, e assim,* quer seja honrado ou injuriado, isso nos sensibiliza. Quando a criança se dá conta do amor que o pai lhe tem, então ela sabe por que lhe é devedora de uma vida tão pura e inocente. Por esse motivo também nós devemos levar uma vida pura, pois diz o próprio Deus: "Bem-aventurados os puros de coração, porque verão a Deus" (Mt 5,8). Que é pureza de coração? Pureza de coração é o que está separado e apartado de todas as coisas corporais e recolhido e encerrado em si mesmo, para então, (a partir) dessa pureza, lançar-se no seio de Deus e ali reunir-se (com Ele). Diz Davi: *aquelas* obras são puras e inocentes que efluem e se consumam na luz da alma; mais inocentes ainda, porém, são aquelas que lá dentro e no espírito demoram e não saem para fora. "Um Deus e Pai de todos".

A outra palavra: "Amigo, passa mais para cima, sobe mais para cima". Das duas (palavras) eu faço uma. Quando Ele diz: "Amigo, passa mais para cima, sobe mais para cima", isso é um diálogo da alma com Deus, no qual lhe foi respondido: "Um Deus e Pai de todos". Diz um mestre: A amizade reside na vontade. Na medida em que a amizade reside na vontade, ela não une. Aliás, eu já o disse alhures: o amor não une; decerto, ele une na obra, mas não no ser. Só por isso ele (o amor) diz: "*Um* Deus". "Passa mais para cima, sobe mais para cima". Ao fundo da alma nada pode (chegar) salvo a Divindade pura. Mesmo o primeiro dos anjos, por mais próximo e afim que seja de

Deus e por muito que tenha em si de divino – seu obrar permanece em Deus, e ele está unido com Deus no ser e não no obrar; tem um demorar-em-Deus e um constante ficar-presente-ali: por nobre que seja o anjo, isto é, na verdade, um prodígio; e, no entanto, ele não pode entrar na alma. Diz um mestre: Todas as criaturas em que há distinção não são dignas de que o próprio Deus nelas opere. A alma em si mesma, ali onde está acima do corpo, é tão pura e tão tenra que nada admite em si que não seja a mera e pura Divindade. E o mesmo Deus ali não pode entrar, a menos que se lhe tire tudo o que lhe tenha sido acrescentado. Por isso a ele se respondeu: "*Um* Deus".

"*Um* Deus", diz São Paulo. O *Um* é algo de mais puro que a Bondade e a Verdade. A Bondade e a Verdade nada acrescentam, embora acrescentem em pensamento: quando é pensado, então se acrescenta. O Um, ao contrário, nada acrescenta ali onde Ele (Deus) é em si mesmo, antes de emanar no Filho e no Espírito Santo. Por isso ele disse: "Amigo, sobe mais para cima". Diz um mestre: O Um é um negar do negar. Quando digo: Deus é bom, isso acrescenta algo (a Deus). O Um (ao contrário) é um negar do negar e um denegar do denegar. Que significa "Um"? Um significa aquilo a que nada se acrescentou. A alma toma a Divindade, tal como esta é puramente em si, onde nada se (lhe) acrescentou, onde nada se lhe juntou em pensamento. O Um é um negar do negar. Todas as criaturas trazem em si uma negação: uma nega ser a outra. *Um* anjo diz que não é um outro (anjo). Deus, porém, tem um negar do negar: é Um e nega todo o outro, pois nada é fora de Deus. Todas as criaturas são em Deus e são a sua própria Divindade, e isto significa a plenitude, como eu disse acima. Ele é um Pai da Divindade inteira. Eu digo *uma* Divindade por isso que ali nada ainda emana e nada é tocado nem pensado. No ato de denegar algo a Deus – por exemplo, quando lhe denego a Bondade; na verdade (é claro), nada posso denegar a Deus – no ato, pois, em que denego algo a Deus eu apreendo algo que Ele *não* é; e isso mesmo deve ficar de fora. Deus é *Um,* Ele é um negar do negar.

Diz um mestre que a natureza do anjo não atua nenhuma força nem exerce operação alguma que não vise exclusivamente a Deus. Do que possa haver além disso eles nada sabem. Por isso ele disse: "*Um* Deus, Pai de todos"; "Amigo, sobe mais para cima". Certas forças da alma recebem (algo) de fora, por exemplo, o olho: por mais refinado que seja o seu modo de receber e de eliminar o mais grosseiro, sempre recebe alguma coisa de fora que prescinde do aqui e agora. O conhecer, porém, e a razão, estes descascam tudo e recebem o que desconhece tanto o aqui como o agora; *nesta* capacidade a razão toca a natureza do anjo. E, no entanto, ela recebe dos sentidos; do que os sentidos introduzem de fora, disso a razão recebe. Não assim a vontade; nesse ponto a vontade é mais nobre que a razão. A vontade não tira de parte alguma, salvo do conhecer puro, em que não há aqui nem agora. Deus (Nosso Senhor) quer dizer: Por mais excelsa, por mais pura que seja a vontade, ela deve (subir) mais para cima. É um responder, quando Deus diz: "Amigo, sobe mais para cima. E isso será uma honra para ti" (Lc 14,10).

A vontade quer a bem-aventurança. Fui interrogado sobre a diferença que há entre graça e bem-aventurança. A graça, tal como a experimentamos aqui nesta vida, e a bem-aventurança que possuiremos na vida eterna, relacionam-se entre si como a flor se relaciona ao fruto. Quando a alma está toda cheia de graça e quando, de tudo o que há nela, nada resta que a graça não ponha em ação e leve a termo, entretanto, nem tudo o que está na alma chega a atuar-se de modo tal que a graça leve a termo tudo aquilo que a alma deve operar. Eu já disse em outra parte: a graça não opera obra alguma; (antes), ela infunde na alma toda a espécie de adorno; esta é a plenitude no reino da alma. Eu digo: a graça não une a alma com Deus; antes, ela é (apenas) um pleno fazer-chegar-a (Deus); esta é a sua obra: reconduzir a alma a Deus. Ali colherá o fruto nascido da flor. À vontade, à medida que quer a bem-aventurança e à medida que quer estar com Deus – e destarte se deixa atrair ao alto, numa vontade de semelhante pureza – Deus certamente se insinuará; e à medida que a razão tomar a Deus com a pureza condizente à sua verdade, na mesma medida por certo Deus se insinuará na razão. Mas tanto que Ele cai na vontade, essa deve ir mais para cima. Eis por que Ele diz: "Um Deus", "Amigo, sobe mais para cima".

"*Um* Deus": no ser Deus Um se consuma a divindade de Deus. Eu digo: Nunca jamais poderia Deus gerar o seu Filho unigênito, se não fosse Um. Do seu ser Um, Deus tira tudo o que opera nas criaturas e na divindade. Digo mais: Unidade, só Deus a tem. A Unidade é o próprio de Deus; dela Deus tira o ser-Ele-Deus; caso contrário não seria Deus. Tudo o que é número depende do um, e o um não depende de nada. A riqueza e a sabedoria e a verdade de Deus são totalmente um em Deus; é não só Um, é unidade. Tudo o que Deus tem, Ele o tem no Um: é Um nele. Dizem os mestres que o céu gira a fim de trazer todas as coisas ao um; por isso ele corre tão depressa. Deus tem toda a plenitude enquanto Um, e disso pende a natureza de Deus, e nisso está a bem-aventurança da alma: em ser Deus Um; é seu ornato e sua honra. Ele disse: "Amigo, sobe mais para cima, e isto será uma honra para ti". A honra e o ornato da alma é o ser Deus Um. Deus faz de conta que é Um, (só) para agradar à alma, e que se enfeita no intuito de levar a alma a apaixonar-se por Ele só. Por isso o homem quer ora uma coisa, ora outra; ora se exercita na sabedoria, ora na arte. Por não possuir o Um é que a alma jamais encontra repouso até que tudo se faça um em Deus. Deus é Um; *isso* é a bem-aventurança da alma, e seu ornato e seu repouso. Diz um mestre que em todas as suas obras Deus tem em mira *todas* as coisas. A alma *é* todas as coisas. O que há de mais nobre, de mais puro, de mais excelso em todas as coisas abaixo da alma, tudo isso Deus o infunde nela.

Que assim venhamos a ser um com Deus, auxiliados por "um Deus, Pai de todos". Amém.

Tradução de Raimundo Vier, OFM

3
A excelência de Marta sobre Maria
(Sermão n. 86)

Intravit Jesus in quoddam castellum, et mulier quaedam. Martha nomine, excepit illum etc. (Lc 10,38).

Escreve São Lucas no seu Evangelho: "Nosso Senhor ntrou numa cidadezinha; lá o acolheu uma matrona, chaɪada Marta; tinha esta uma irmã de nome Maria. Esta se ɪedou aos pés de Nosso Senhor e ia escutando a sua pavra. Marta, porém, andava atarefada e servia ao Senhor" c 10,38-40).

Três razões fizeram Maria sentar-se aos pés de Jesus. ɔrimeira era esta: A bondade de Deus tinha prendido a alma ao Senhor. A segunda era um grande, indizível ejo; ela suspirava por algo, sem saber o quê; e procuɪ algo, sem saber o quê! O terceiro era o doce consolo delícia que ela hauria da palavra eterna que fluía da a de Jesus.

Também Marta era movida por três razões, que a fiɪm movimentar-se e servir ao caríssimo Senhor Jesus. ɪ era a sua idade de matrona e o modo de ser empeɪɪa e dedicada ao extremo. Por isso acreditou que a ɪuma outra convinha a atividade como a ela. A outra rª provinha de uma sábia ponderação que sabia orientaɪtividade externa para o melhor que o amor pudesse di O terceiro motivo: a suma dignidade do caro hós-

49

pede. Dizem os Mestres que Deus está à disposição e a serviço do homem para a sua necessidade espiritual e corporal, até a última coisa que possa desejar. Ora, Deus nos atende suficientemente quanto às coisas espirituais e, de outro lado, também sacia suficientemente a nossa natureza física, como se pode claramente comprovar pelos caros amigos de Deus. Atendimento a nossos sentidos significa que Deus nos dá consolo, delícia e satisfação. Ser mimado com tais coisas não é algo que se situa dentro do âmbito dos sentidos interiores dos caros amigos de Deus. Satisfação espiritual é satisfação no espírito. Falo de satisfação espiritual, quando a parte superior da alma não for curvada para baixo por tais delícias, de modo que não corre o perigo de afogar-se em sentimento delicioso e, sim, esteja solidamente acima de tais coisas. Pois só quando nem afeto nem sofrimento da criatura podem curvar o topo de seu ser, o homem se acha numa atitude espiritual suficiente. Criatura aqui significa tudo quanto houver abaixo de Deus.

Marta vem dizer: "Senhor, manda-lhe que me ajude!" Não foi por indignação que Marta disse essas palavras falou antes impelida por amor e benquerença que a est mulavam a tanto. Parece justo que o chamemos antes d carinhoso atendimento ou graciosa brincadeira. Por qu(Ora, vejam! Ela percebeu que Maria se regalava saciand de melífluos sentimentos o seu coração. Marta bem m lhor conhecia sua irmã do que ela a Marta; pois Mai vivera o bastante e sempre retamente; a vida concede mais distinto e nobre conhecimento. A vida nos faz (nhecer melhor o prazer e a luz que tudo quanto nesta v se possa conhecer de coisas que há abaixo de Deus. E conhecimento é em certo sentido mais claro que o sa que nos pode oferecer a própria luz da eternidade. Pc luz da eternidade nos concede conhecer sempre apenas a nós mesmos e a Deus, mas não nos dá conhecer a nós mesmos sem Deus. Mas onde a atenção se fixa sobre nós mesmos, ali acontece que mais nitidamente se verifique a diferença entre igual e desigual. Testemunhas disto nos sejam São Paulo e mestres pagãos: São Paulo, num êxtase espiritual, viu a Deus e a si mesmo em Deus. E no entanto não chegou a conhecer nele formal e exatamente cada virtude; era porque não as tinha exercido nas suas obras. Os mestres pagãos, por sua vez, obtiveram, pela prática das virtudes, conhecimento tão sublime que conheceram intuitivamente a cada virtude, de modo mais preciso que Paulo ou qualquer santo, no primeiro arrebatamento.

Era o caso de Marta. Por isso, ela disse: "Senhor, manda que ela me ajude!" Era como se dissesse: "Minha irmã imagina que ela também já poderia praticar o que quer, desde que ela permaneça sob a tua consolação. Faze, pois, que ela agora perceba se é assim; manda-a levantar-se e afastar-se de ti!" De outro lado, aqui estava também o seu delicado amor pelo qual ela falou bem ponderadamente. Maria estava tão repleta de desejo que ela anelava por algo, sem saber precisamente o que é que desejava. Suspeitamos que ela, a cara Maria, estava ali sentada mais por causa do doce sentimento do que por causa do aproveitamento espiritual. Por isso, disse Marta: "Senhor, manda que ela se levante!" Pois ela temia que Maria ficasse parada nesse suave sentimento, sem nenhum progresso.

Respondeu-lhe Jesus e disse: "Marta, Marta, tu te ocupas e afliges por muita coisa! Uma coisa basta! Maria escolheu a melhor parte, que jamais lhe será tirada". Jesus disse isso a Marta, não em tom de censura, mas antes deu uma informação e a esperança de que Maria ainda iria dar naquilo que ela almejava.

Mas por que Jesus disse: "Marta, Marta" e a chamou duas vezes pelo nome? Diz Isidoro: Não padece dúvida de que Deus, antes de ter-se feito homem, jamais teria chamado pelo nome uma criatura humana que depois se perdesse eternamente; com relação àqueles, porém, que Ele não chamou pelo nome, a questão fica aberta. Cristo, ao chamar Marta pelo nome, era levado pelo seu eterno saber: saber perfeito e anterior à criação, saber este consignado no livro vivo: "Pai-Filho-Espírito Santo". Quem tiver o seu nome consignado nesse livro, e se Cristo pronunciou tal nome, seguro está de que jamais se perderá. Testemunhas nos sejam Moisés, a quem o próprio Deus falou, dizendo: "Eu te conheci pelo teu nome" (Ex 33,12), e Natanael, a quem disse o bom Jesus: "Eu te conheci quando estavas debaixo da figueira" (Jo 1,50). A figueira é a imagem da alma que não se fecha a Deus e cujo nome desde sempre está inscrito nele. E assim consta que homem algum se tenha perdido ou no futuro pereça, se o bom Salvador com sua boca o tiver chamado pelo nome; pois registrado está dentro do Verbo Eterno, isto é, no livro que Ele mesmo é.

Resta a pergunta: Por que Jesus disse duas vezes o nome de Marta? Quis Ele com isso significar que Marta possuía perfeitamente toda a graça temporal e eterna que uma criatura devia ter. Com a primeira indicação insinu a perfeição dela nas ações temporais. Ao repetir o nom "Marta", Jesus quis significar que também nada faltav de quanto era necessário para alcançar a vida eterna. Po isso, acrescentou as palavras: "Tu te preocupas", quere do dizer: Tu estás junto às coisas, mas as coisas não est dentro do teu espírito; estão, porém, cheios de cuidad aqueles que em todos os afazeres vivem cheios de preoc pações. Sem entrave estão, porém, aqueles que ordenam e dispõem das coisas segundo o exemplo da divina luz.

Ora, uma obra qualquer é feita exteriormente, ao nosso redor; uma profissão ao contrário atua carinhosamente a partir de dentro. Pessoas que assim procedem estão junto das coisas que produzem e não dentro delas. Elas estão bem perto das coisas e mesmo assim não possuem menos do que teriam se se achassem lá em cima no círculo da eternidade. Digo "bem perto" porque todas as criaturas conduzem e servem de meio. Há dois tipos de "meio". Um é de tal natureza que não posso chegar a Deus sem ele. É a atuação e "indústria" no tempo que passa. Tal "meio" não diminui a eterna bem-aventurança. O outro "meio" é este: renunciar simplesmente ao primeiro. Pois Deus nos colocou no tempo para que, mediante ocupação sensata durante o nosso tempo, nos tornemos mais próximos e semelhantes a Ele. Paulo pensava nisso ao dizer: "Superai este tempo, pois os dias são maus" (Ef 5,16). "Superar o tempo" quer dizer: subir incessantemente a Deus pela reta razão; não pelas diferentes representações visuais, mas pela verdade iluminada e transbordante de vida. Se Paulo acrescenta: "os dias são maus", entendei-o desta maneira: O "dia" lembra a "noite", pois não houvesse noite, não haveria também dia, nem se falaria dele, pois tudo seria uma só luz. Isso tinha Paulo em mente ao dizer: pois uma vida de luz é precária e pobre naquele em que ainda existam trevas capazes de encobrir e obscurecer a eterna bem-aventurança de um nobre espírito. A isso também se refere Cristo quando diz: "Caminhai enquanto tendes a luz" (Jo 12,35). Pois quem trabalha na luz ascende a Deus livremente e sem mediações: sua luz é seu sustento e seu sustento é sua luz.

Esta a situação em que se encontrava a cara Marta. Por isso, Ele lhe disse: "Uma coisa só é necessária", não duas. Eu e tu, uma vez envoltos e unidos pela eterna luz. Eis aí o uno. Esse "uno feito de dois" é o espírito ardente que está acima de todas as coisas, mas abaixo de Deus no âmbito da eternidade. Ele é "dois", porque não contempla diretamente a Deus. Seu conhecimento e seu ser ou seu conhecer e o seu ser conhecido não serão nele uma só coisa. Pois só se vê a Deus, onde Ele é visto no seu ser espiritual, que é totalmente sem imagens. Só nesta altura um se torna dois e dois se tornam um, luz e espírito, esses dois são um pelo envolvimento mediante a luz eterna.

E agora atendei bem ao que seja o "âmbito da eternidade". Ora, a alma tem três caminhos (para chegar) a Deus. O primeiro: Buscar a Deus com multíplice esforço e ardente amor em todas as criaturas. Esse é o caminho a que se referia o Rei Davi, dizendo: "Achei a paz em todas as coisas" (Eclo 24,11).

O segundo caminho não tem pista segura; é livre e no entanto determinado; é o caminho de quem sem ideia nem operação da sua vontade se acha arrebatado muito acima de si mesmo e de todas as coisas. Tal estado ainda não tem consistência definitiva. É o estado a que Cristo se referiu dizendo: "Bem-aventurado és tu, Pedro; carne e sangue não te iluminaram, (e sim uma elevação que se operou na tua mente), ao me chamares de Deus. Foi antes meu Pai celestial que to revelou" (Mt 16,17). Também São Pedro não viu a Deus desveladamente; foi ele sim arrebatado pela força do Pai celestial acima de toda capacidade e compreensão criada até dentro da esfera da eternidade. Digo, portanto, que ele, sem saber, foi arrebatado pelo poder do Pai celestial – num abraço de amor ardente e arrebatador – e em seu espírito arrastado para as alturas (e acima de toda capacidade de compreensão), até o âmbito da eternidade. Lá se participou a São Pedro, num tom suave e criatural (mas livre de toda experiência terrena e dos sentidos), a verdade da unidade de homem-Deus na Pessoa do Filho do Pai celestial. Ouso até dizer: Tivesse São Pedro visto a Deus imediatamente na sua natureza divina, como mais tarde o viu, e como São Paulo, quando foi arrebatado até o terceiro céu, a linguagem, mesmo a do mais nobre entre os anjos, ele a teria sentido como linguagem grosseira. Assim, porém, ele balbuciou palavras de doçura de que o amado Jesus não tinha necessidade alguma; Ele que vê as profundezas dos corações e está tão direta e imediatamente diante de Deus na liberdade de perfeita presença. Foi isso que São Paulo tinha em mente ao dizer: "Um homem foi arrebatado e ouviu tais palavras inefáveis que a um homem não é concedido proferir" (cf. 2Cor 12,2-4). Daí podereis concluir que São Pedro se achava apenas na "periferia da eternidade" sem ver a Deus na unidade e no seu ser próprio.

O terceiro caminho, se bem que seja dito caminho, é, na realidade, já um "estar em casa". É este: ver a Deus imediatamente, assim como Ele é no seu Ser próprio. Ora, diz o caríssimo Jesus: "Eu sou o Caminho, a Verdade e a Vida" (Jo 14,6), um Cristo em Pessoa, um Cristo no Pai, um Cristo no Espírito Santo como três: Caminho, Verdade e Vida, mas como o amado Jesus em que tudo está. Fora desse caminho todas as criaturas são apenas periferia e separação. No Caminho, porém, para dentro de Deus-Pai, conduzidos pela Luz do seu Verbo e abraçados pelo Amor do Espírito Santo dos Dois: eis aqui algo que está acima de toda palavra e descrição!

Escuta, pois, esta maravilha! Coisa admirável: encontrar-se fora como dentro, abraçar entendendo e ser abraçado; ver e ser o que é visto; segurar e ser segurado – eis aqui o estado final, onde o espírito repousa na paz, união perfeita com o doce Eterno.

Mas voltemos agora para a nossa explanação do fato de que a querida Marta e todos os amigos de Deus com ela estão *"com* os seus cuidados", não porém *"dentro dos* seus cuidados". Nesse estado de alma, a atuação no tempo é tão nobre quanto qualquer outra forma pela qual alguém se una a Deus, pois nos aproxima não menos de Deus que a forma mais elevada que nos possa ser concedida, com exceção unicamente da visão de Deus na sua própria natureza. Daí diz Ele (Cristo): "Tu estás *junto* das coisas, e *junto* das tarefas, significando que com as forças inferiores da alma ela está, sem dúvida, exposta aos cuidados e às aflições, pois ela não era como que mimada pela gula espiritual. Ela estava *junto* das coisas, não *nas* coisas; ela estava...

Três pontos são particularmente indispensáveis em nossa atividade. Que atuemos ordenada, inteligente e ponderadamente. Chamo de ordenado ao que corresponde, em todas as coisas, ao que é mais perfeito; chamo de inteligente aquilo em comparação ao qual não se conheça então algo de melhor. E chamo de ponderado ao sentir-se nas boas obras a presença ditosa da verdade cheia de vida e vivificante. Onde houver esses três pontos, aí as obras aproximam não menos de Deus e são não menos proveitosas, como todas as delícias experimentadas por Maria Madalena no deserto[1].

Diz Cristo ainda: "Tu te afliges com muita coisa, não por *uma*". Ele quer dizer: Se uma alma pura e simples e

---

1. Conta a lenda que Maria Madalena viveu em anos posteriores como penitente, no ermo.

sem nenhum aparato for elevada até a esfera da eternidade, ela se aflige quando por algum fator de separação for impedida de estar em gozo lá em cima. Tal pessoa se entristece por causa desse algo e se encontra em preocupação, apreensão e tristeza. Marta, porém, estava em sua madura e consolidada virtude e com seu espírito livre, desimpedida por qualquer coisa que fosse. Por isso, desejava que sua irmã Maria fosse colocada no mesmo estado de alma, por ter percebido que aquela não estava lá segundo o seu ser mais profundo. Sem dúvida impelida por seu profundo e maduro espírito, desejou ela que também Maria estivesse vivendo em tudo aquilo que pertence à eterna felicidade. Por isso Cristo responde: "Uma só coisa é necessária".

Que é esta *uma* coisa? É Deus. Esta é indispensável a toda criatura; pois se Deus retirasse o que é dele, todas as criaturas cairiam no nada. Se Deus tirasse à alma de Cristo o que é dele – onde o seu Espírito está unido ao Verbo Eterno – apenas restaria Cristo simples criatura. Por onde se vê que bem se necessita daquele *um* necessário.

Marta receava que sua irmã ficasse parada naquela doçura e naquele prazer; por isso desejava que ela amadurecesse como ela mesma. Por isso falou Jesus e entendeu dizer: Fica despreocupada, Marta, ela (também) optou pela melhor parte. Estas coisas aqui hão de se desvanecer. A maior graça que uma criatura pode receber há de ser concedida também a ela. Será também ela bem-aventurada como tu!

Instruí-vos agora sobre as virtudes! Vida de virtude depende de três pontos que se referem à vontade. Um ponto é este: Entregar a própria vontade a Deus, pois é indispensável que se execute plenamente o que então aparece com clareza. Refere-se isso ao despojamento ou ao revestimento. Há três espécies de vontade: uma é sensitiva; outra, racional; a terceira, a vontade eterna. A sensitiva quer instrução, quer que se atenda à verdadeira doutrina; a vontade racional quer que se caminhe em todas as obras de Cristo e dos santos, isto é, que as palavras, os atos e métodos sejam orientados de modo uniforme e ordenados para o que há de mais sublime. Quando tudo isto se fizer, Deus derramará algo mais nas profundezas da alma: é a vontade eterna, com o mandamento amoroso do Espírito Santo. Em tal situação, a alma suplica: "Senhor, fazeme saber qual é tua Vontade eterna!" Se a alma destarte atender ao que há pouco explanamos, e se for do agrado divino, então o amado Pai pronunciará dentro da alma o seu Verbo Eterno.

Agora afirmam pessoas probas e honestas que devemos tornar-nos tão perfeitos e santos, que não mais nos possa mover nenhuma alegria deste mundo e fiquemos indiferentes à alegria e ao sofrimento. Mas nisso elas não têm razão. Sustento antes que nunca houve um santo tal que já não pudesse comover-se por coisa alguma. Contra esses tais, eu sustento até que nunca houve um santo, por maior que possa ter sido, que não tivesse sido capaz de se comover. Antes, afirmo a esse respeito: Certamente é concedido ao santo já nesta vida, que nada o possa separar de Deus. Pensais que ainda sois imperfeitos enquanto as palavras vos possam comover no sentido da alegria ou da pena? Não é verdade! Pois nem Cristo era assim. Isso Ele deixou transparecer quando disse: "Minha alma está triste até a morte" (Mt 26,38). A Cristo doeram tanto certas palavras que a dor de todas as criaturas posta sobre uma só não a teria feito sofrer quanto Cristo sofreu; isso lhe vem da nobreza de sua natureza e da santa união da divina e humana natureza nele. Por isso, digo: um santo a quem o sofrimento não cause dor e a quem algo de bom não deleite nunca existiu e nunca alguém chegará a tal situação do espírito. Certamente aqui e ali pode ocorrer que alguém, socorrido pelo amor, pela graça e por um milagre de Deus, continue sereno e equânime ao presenciar que a sua fé, ou algo dessa ordem, seja blasfemada. Também se admite que o santo pode chegar ao ponto de nada o afastar de Deus, de modo que, sentindo embora a dor no coração porque não estaria confirmado na graça, a vontade no entanto persevera simplesmente em Deus a ponto de dizer: "Senhor, eu sou teu e tu és meu!" O que quer que a uma alma em tal disposição de espírito possa ocorrer não lhe impedirá a eterna bem-aventurança, pois não atingirá a parte superior do espírito, onde ele está unido com a caríssima vontade de Deus.

Diz Cristo: "Tu te ocupas com muitos cuidados". Marta era de tal espírito, que a sua ocupação não a impedia. Seu trabalho e seus afazeres a encaminhavam para a eterna bem-aventurança. Essa era certamente visada um tanto mediatamente, mas a natureza nobre, a aplicação e a virtude no sentido já indicado muito lhe aproveitavam. Também Maria tinha sido uma tal Marta antes de se tornar uma tal Maria; pois quando ainda estava sentada aos pés do Senhor, ela ainda não era a verdadeira Maria: Ela já o era segundo o seu nome, mas não segundo o seu ser; pois ela ainda se detinha na delícia e no doce sentimento, mas já tinha entrado na escola de Jesus e começara a aprender a viver. Marta ao contrário já estava lá madura. Por isso disse: "Senhor, manda que ela se levante!" – como se quisesse dizer: "Senhor, eu gostaria que ela não ficasse aí sentada e entregue aos seus doces sentimentos; gostaria mais se ela aprendesse a viver, para que possuísse a vida de um modo mais essencial. Manda que ela se levante, para que se torne madura e perfeita". Ela ainda não se chamava com razão Maria, quando se achava sentada aos pés de Jesus. Isso é que eu chamo de Maria: um corpo bem treinado no trabalho, submissão à sábia doutrina. Obediência, porém, para mim é isto: que a vontade obedeça ao que a inteligência iluminada manda que se faça.

As pessoas corretas e probas pensam poder conseguir que a presença das coisas sensíveis nada mais signifique para os seus sentidos. Pura ilusão! Elas não conseguem! Jamais poderei admitir que um ruído atordoante seja tão delicioso ao meu ouvido quanto uma suave música de harpa. Mas devemos, sim, ser capazes de (quando a razão percebe o ruído) conformar a vontade dirigida pelo conhecimento, para que não se aflija, mas diga: Aceito com prazer. Aí a luta se tornará um prazer; pois o que o homem consegue com grande esforço se transforma em alegria do coração e só então é que se torna proveitoso para ele.

Há, no entanto, certa gente que chega ao ponto de dispensar as obras. Digo: Isso não deve ser! Os discípulos, só depois de terem recebido o Espírito Santo, começaram a praticar virtudes. Por isso, quando Maria estava sentada aos pés do Senhor, ela ainda aprendia, pois apenas tinha sido recebida na escola e apenas aprendia a viver. Só mais tarde, porém, quando Cristo subira ao céu e ela havia recebido o Espírito Santo, é que começou a servir e a viajar para além-mar, pregando e ensinando, como serva dos apóstolos.

Quando os santos começam a ser santos, começam a praticar virtudes; só então eles juntam tesouros para o céu. Todo bem feito antes disso apenas serve para expiar culpas e afastar castigos. Para isso nos sirva de testemunha o próprio Cristo. Desde o momento em que Deus se fez homem e o homem se fez Deus, Ele começou a trabalhar pela nossa salvação até o dia em que morreu na cruz. Não havia no seu corpo um membro sequer que não tivesse praticado especiais virtudes.

Que Ele nos ajude para que o sigamos na prática de autênticas virtudes. Amém.

Tradução de Fidélis Vering, OFM

4
O silêncio da criação
(Sermão n. 57)

Dum medium silentium tenerent omnia et nox in suo cursu medium iter haberet etc.
(Sb 18,14).

Aqui, na temporalidade, festejamos a geração *eterna*, que Deus per-fez e per-faz, sem cessar, pela eternidade. E o fazemos celebrando essa mesma geração *no tempo*, per-fazendo-se na natureza humana. Santo Agostinho pergunta: O que me adianta que esta geração esteja sempre acontecendo, se não acontece em mim? Tudo depende, pois, de ela acontecer em mim.

Agora vamos falar de como esta geração acontece em *nós* e se per-faz na alma fiel, sempre que Deus pronuncia sua Palavra Eterna numa alma perfeita. Tudo isto só vale, porém, de uma pessoa fiel e perfeita que caminhou e caminha os caminhos de Deus. Não vale, por conseguinte, de uma pessoa renitente e não educada. Pois uma pessoa assim mantém-se distante em tudo e nada sabe dessa geração.

O Livro da Sabedoria diz uma palavra: "Quando tudo se guardava no meio do silêncio, uma palavra de mistério desceu do alto, do trono real, sobre mim" (Sb 18,14). É dessa palavra que vai tratar este sermão.

Deve-se atender a três coisas: Primeiro: *onde* Deus pronuncia sua Palavra na alma, *onde* está o lugar da geração e *onde* a alma se torna receptiva para tal obra? Sem dúvida, deve ser e estar no que a alma tem de mais puro, de mais nobre e de mais delicado. Na verdade, se a onipotência de Deus tivesse podido dar à natureza da alma algo mais nobre, e se a alma tivesse podido receber algo mais nobre, Deus teria esperado por essa maior nobreza para gerar. É por isso que a alma, em que a geração se há de gerar, deve-se manter toda pura e viver em toda a nobreza, com todo o reconhecimento e em toda a interioridade. Não se deve dissipar com os sentidos pela variedade multiforme das criaturas. Deve se concentrar toda no interior, no que possui de mais puro: pois é *aí* que está o lugar dele e tudo que for inferior, oferece-lhe resistência.

A segunda parte do sermão discute *como* o homem há de comportar-se com esta obra de inspiração e geração. Será útil colaborar, merecendo e fazendo com que a geração aconteça e se per-faça, talvez construindo, com a razão e o pensamento, representações e exercitando-se em reflexões sobre a sabedoria, onipotência e eternidade de Deus e coisas assim? Será que esta atitude é mais vantajosa e favorável à geração? Ou, ao contrário, deve-se desfazer de todo pensamento, palavra ou obra e dispensar todas as representações do conhecimento e se expor totalmente à ação de Deus, mantendo-se na inação e deixando Deus agir? Qual atitude servirá melhor à geração?

Terceiro: qual será a vantagem e o favor dessa geração?

Escutai, agora, sobre o primeiro ponto: embora creia mais na Escritura do que em mim mesmo, queria fundar a presente exposição em motivos *naturais*. É que percebereis mais e melhor uma exposição de motivos.

Começamos com a palavra que diz: "no meio *do silêncio* me foi pronunciada uma palavra de mistério". Senhor, *onde* está o *silêncio* e *onde,* o *lugar* em que se pronunciará essa palavra? Como já dissemos acima, está no que a alma tem de mais puro, de mais nobre, está no fundo e no ser da alma, isto é, no mais escondido da alma: aí *silencia* o "meio", pois *aí* nunca pode entrar uma criatura ou imagem, nunca a alma conhece ação ou conhecimento e nem mesmo sabe de alguma imagem, seja de si mesma ou de qualquer criatura.

As obras que a alma opera, ela as opera por intermédio de faculdades; o que conhece, a alma conhece pela razão; quando se recorda de alguma coisa, ela o faz com a memória; para amar, necessita da vontade. Assim, a alma age e opera por meio de faculdades e não com o ser. Todas as ações para fora atêm-se e dependem sempre de *intermediação*. A capacidade de ver só opera por meio dos olhos, do contrário não é possível exercer ou conferir visão. E é o que acontece com todos os sentidos: todo exercício para fora se cumpre por alguma mediação. No ser, porém, não se dá operação. Pois todas as forças e faculdades com que a alma age e opera brotam do fundo do ser. Ora, nesse fundo "os meios" *silenciam*; reinam apenas repouso e celebração pela geração e sua obra, a fim de que Deus pronuncie aí sua Palavra. É que essa só é receptiva para o ser Deus, sem qualquer mediação. Deus entra na alma com todo o seu ser e não com uma parte; Deus entra aqui no *fundo* da alma. Ninguém toca no fundo da alma, somente Deus mesmo. A criatura não pode chegar ao fundo da alma, tem de ficar por fora, nas faculdades. Lá no fundo, a alma vê e contempla, *sem dúvida,* a imagem das criaturas com a qual elas são admitidas e recebem acolhida. É que, ao entrarem em contato com as criaturas, as faculdades retiram-lhes e haurem uma imagem e semelhança, recolhendo-a ao interior da alma. É assim que conhecem as criaturas. Mais próximas as criaturas não podem chegar da alma, nem a alma se aproximar das criaturas, sem antes lhes haver assumido deliberadamente em si uma imagem. É por intermédio desta imagem presente que a alma se chega às criaturas; imagem não é, pois, outra coisa do que algo que a alma recolhe das coisas por meio de suas faculdades. Quer deseje conhecer uma pedra, um cavalo, um homem ou qualquer outra coisa, a alma sempre vai buscar a imagem que antes assimilou para, desse modo, poder unir-se com ela.

Ora, para conceber dessa maneira uma imagem, o homem deve recebê-la de fora pelos sentidos. É por isso que nada é mais desconhecido para a alma do que ela mesma. Nesse sentido, um mestre diz que a alma não pode haurir nem retirar nenhuma imagem de si mesma. E também por isso não pode conhecer a si mesma por meio de nada. Pois as imagens só lhe chegam pelos sentidos. E por esse motivo não pode dispor de nenhuma imagem de si mesma. A alma conhece todas as outras coisas, só não conhece a si mesma. De nada ela sabe tão pouco como de si mesma, justamente devido à necessidade de intermediação.

Tu deves saber que a alma é interiormente livre e desprovida de toda intermediação e de toda imagem. É esse também o motivo por que Deus se pode unir à alma livremente sem nenhuma imagem ou semelhança. Qualquer que seja o poder que reconheças a um mestre, não podes deixar de atribuí-lo a Deus acima de qualquer medida. Quanto mais sábio e poderoso for um mestre, tanto mais diretamente sem mediação e com simplicidade acontece sua obra. Para suas obras exteriores, o homem necessita de muitos meios; antes de cumpri-las tal como as representou para si, teve necessidade de trabalhar muito e preparar muita matéria. O Sol, porém, executa com maestria sua obra, a iluminação rápida e imediata: tão logo derrama seus raios, no mesmo instante o mundo se enche de luz por toda parte. E mais acima estão os anjos, que necessitam de menos meios para suas obras e têm poucas imagens. O Serafim mais elevado já não possui senão uma *única* imagem; enquanto todos os outros inferiores apreendem uma variedade e pluralidade, ele apreende tudo numa unidade. Deus, porém, não necessita de imagem nem *possui* nenhuma imagem: Deus age na alma sem qualquer "meio", seja imagem ou semelhança. Deus, na verdade, age no fundo da alma, onde nunca entra nenhuma imagem, mas somente Ele mesmo com seu próprio Ser. Nenhuma criatura é capaz de agir assim.

Como, porém, o Pai gera o Filho na alma? Será, como fazem as criaturas, com imagens e semelhanças? De modo algum! Ao contrário, da mesma maneira em que Ele gera na eternidade, nem mais nem menos. Mas, então, *como* Ele o faz? Prestai atenção. Vede, Deus dispõe de uma visão perfeita de si mesmo e de um conhecimento completo e abissal de si mesmo por si mesmo, e não por imagem. Assim, Deus gera seu Filho numa verdadeira unidade de sua natureza divina. Vede, de *igual* modo e não de maneira diferente, Deus gera seu filho no fundo *da alma*, no ser da alma, e assim se une com ela. Pois, se houvesse alguma imagem, já não haveria uma verdadeira união. É nessa verdadeira união que reside toda a ventura da alma.

Mas poderíeis dizer que na alma não há, por natureza, nada mais do que *imagens*. Não, de forma alguma! Pois, se isso fosse verdade, a alma nunca seria venturosa. Deus não poderia criar uma criatura de quem pudesses saber uma ventura per-feita. Do contrário, *Deus* não seria a ventura suprema e o último fim quando o é por natureza e quer ser o princípio e fim de todas as coisas. Nenhuma criatura *pode* ser tua ventura e, por isso, ninguém pode ser aqui embaixo tua per-feição. Pois a per-feição *desta* vida – todas as virtudes juntas – segue a per-feição da vida do *além*. Por isso é que deves ser e perdurar necessariamente no ser e no *fundo*, *lá* onde Deus te deve tocar com a simplicidade de seu ser, *sem* a mediação de qualquer imagem. Nenhuma imagem visa nem aponta para si mesma; visa e aponta sempre para algo de que ela é imagem. Ora, sendo toda imagem uma imagem de algo fora de si e assimilada das criaturas pelos sentidos e sempre uma indicação de algo diferente, é impossível que te possas sentir feliz por uma imagem. Por isso, deve reinar silêncio e quietude onde Deus deve falar e gerar seu Filho e realizar sua obra sem qualquer imagem.

A *segunda* questão é: com que deve contribuir o homem para colaborar, merecendo e fazendo com que nele aconteça e se cumpra a geração? Será mesmo melhor concentrar os próprios esforços, representando e dirigindo para Deus seus pensamentos? Ou, ao invés, o homem deve manter silêncio e deixar que, no repouso e na quietude, Deus mesmo fale e aja embora ele mesmo se entregue à obra de Deus em si? Repito novamente como disse há pouco: essas explicações e esta atitude só se referem a homens *fiéis* e *per-feitos*. São aqueles que cultivaram em si o vigor próprio das virtudes, de maneira que elas brotam deles em sua essência, sem nenhum acréscimo, vivendo em suas vidas, sobretudo, a vida preciosa e o ensinamento de Nosso Senhor Jesus Cristo. Esses homens hão de saber que a melhor e mais nobre de todas as coisas possíveis nesta vida é o silêncio, deixando Deus agir e falar. É quando se retira toda a força de suas obras e imagens que fala a Palavra de Deus. Por isso, disse Ele: "no meio do silêncio, uma palavra de mistério falou para mim". Quanto mais conseguires recolher todas as tuas forças à unidade e retirar-te para o esquecimento de todas as coisas e suas imagens, e quanto mais te distanciares das criaturas e suas imagens, tanto mais próximo estarás e tanto mais receptivo te farás para a Palavra. Se conseguires tornar-te inteiramente vazio do saber de todas as coisas, poderás também perder o sabor de teu próprio corpo, tal como aconteceu com São Paulo quando falou: "se foi no corpo ou fora do corpo, não sei, Deus é que sabe" (2Cor 12,2). O espírito tinha assumido tão completamente todas as forças que esquecera o corpo; já não operava nem memória nem razão, já não agiam nem os sentidos nem as faculdades que exercem influência nos sentidos para perceberem e sentirem o corpo. Fogo e calor estavam ligados. Por isso, o corpo não diminuiu nos três dias em que nem comia nem bebia. O mesmo aconteceu a Moisés quando fez um jejum de 14 dias nas montanhas (Ex 24,18; 34,18) que nem por isso se tornou mais fraco. Do mesmo modo, o homem deve desaparecer para os sentidos e virar todas as suas forças para o interior e alcançar o esquecimento de todas as coisas e de si mesmo. Nesse sentido, um mestre falou para a alma: retira-te da inquietação de obras exteriores! Foge mais e te esconde do burburinho dos pensamentos interiores, pois eles criam tumulto! – Assim, para Deus pronunciar sua Palavra na alma, deve haver paz e calma: só então Ele pronuncia sua Palavra e a si mesmo na alma – não por imagens!

Dionísio diz: Deus não possui imagem ou semelhança de si mesmo. Deus é essencialmente toda a bondade, toda a verdade e todo o ser. Deus opera todas as suas obras em si mesmo e a partir de si mesmo num mesmo instante. Não imagine que, ao criar o céu e a terra e todas as coisas, Deus tenha feito umas hoje e outras amanhã. Moisés é que escreveu assim embora soubesse que não foi assim. Ele escreveu assim por amor de quem não pode nem compreender nem entender de outra maneira. Deus não fez mais do que querer e falar e tudo então se fez. Deus age sem meio nem imagem. E quanto mais fores sem imagem, tanto mais poderás acolher sua ação. E quanto mais te voltares para dentro, quanto mais te esqueceres de ti mesmo, tanto mais perto estarás de sua ação.

Nesse sentido é que Dionísio admoestava Timóteo com as palavras: caro filho, com espírito sem preocupação dos sentidos, tu deves ultrapassar a ti mesmo, transcender todas as tuas capacidades, superar o conhecimento e a razão, passar por cima da obra, modo e ser, lançando-te na escuridão serena do mistério, a fim de chegares a saber o Deus desconhecido que está acima de Deus. Deve-se retirar de todas as coisas. Deus resiste a agir por imagens.

Poderias, então, perguntar: O que é que Deus opera sem imagem no fundo do ser? Não o posso saber, de vez que as faculdades só podem apreender alguma coisa por imagens. Têm de compreender e conhecer sempre todas as coisas em imagens *próprias*. Não podem conhecer um cavalo com a imagem do homem. Porque todas as imagens vêm de fora, é por isso que fica escondido e velado o que Deus opera no fundo do ser. Mas é o que há de mais importante de tudo. Esse *não saber* arrasta para algo extraordinário e produz o empenho de sua busca. Sente-se *que é*, mas não *se sabe* nem *o que é* nem *como é*. Quando, porém, o homem sabe a conjuntura das coisas, logo se cansa delas, buscando novas experiências. Vive, assim, na preocupação do desejo de conhecer as coisas e não junto às coisas. Por isso, só o saber que não conhece é que permite à alma morar e, ao mesmo tempo, a estimula à busca.

É o sentido da Sabedoria: "No meio da noite, quando todas as coisas se recolhiam no silêncio, foi-me dita uma *Palavra* misteriosa, que chegou furtiva à maneira de um ladrão" (Sb 18,14.15). Como pode-se chamar de "palavra" se é misteriosa? A natureza da palavra não está em re-velar o que é misterioso? Ela se abriu e brilhou à minha frente para me revelar algo e me anunciou Deus: — *daí* chamar-se de *palavra*. Era, no entanto, misterioso para mim o que era Palavra – e justamente isto constituía sua chegada furtiva no segredo e imensidão para revelar-se. Vede, por ser misteriosa é que se deve e se há de procurá-la. Brilhava e ainda assim era misteriosa: isso visa a que se deseje e suspire. São Paulo nos admoesta a procurá-la até senti-la, e nunca descansar até apreendê-la. Ao ser arrebatado ao terceiro céu na revelação de Deus e ter contemplado todas as coisas, não esqueceu nada quando voltou: achava-se tão no fundo de seu ser que a razão não conseguia alcançar; era-lhe encoberto em mistério. Por isso, teve de empenhar-se para alcançar em si e não fora de si. É algo totalmente interior que não está fora, mas todo dentro. E por saber disto é que dizia: "Estou certo que nem a morte nem qualquer sofrimento me poderá separar do que sinto em mim" (Rm 8,38.39).

A esse respeito, um mestre pagão disse uma bela palavra para outro mestre: "Percebo em mim uma coisa que brilha em minha razão; sinto *que* é algo, mas não posso compreender *o que* seja; só me parece que, se conseguisse apreendê-lo, conheceria toda a verdade". Respondeu o outro mestre: "Então procura. Pois, se puderes apreendê--lo, terás o conjunto de toda a bondade e a vida eterna". Nesse sentido, também falou Santo Agostinho: "Sinto algo em mim que brilha como raio em minha alma". Se chegasse à plenitude e à constância, seria a vida eterna. Esconde-se e se anuncia; chega como ladrão e procura furtar e arrebatar da alma todas as coisas. O fato de se manifestar e anunciar pouco é para estimular a alma, atraí-la para si e raptá-la e aliená-la. Diz o profeta: "Senhor, retira-lhes o seu espírito e concede-lhes o teu espírito" (Sl 103,29.30). É o que pretende a alma que ama, com as palavras: "minha alma se desfez toda quando o amado falou" (Ct 5,6); ao entrar o amado, tive de desfalecer. Também Cristo tinha em mente ao dizer: "Quem abandona alguma coisa por causa de mim, haverá de receber cem vezes mais e quem quiser me ter deve despir-se de si mesmo e de todas as coisas, e quem me quiser servir deve seguir a mim e não ao que é seu" (cf. Mc 10,29; Mt 16,24; 19,29; Jo 12,26).

Tu poderias dizer agora: "Senhor, quereis inverter o curso natural da alma e agir contra a natureza! Pertence à natureza da alma perceber *pelos sentidos e por imagens*. Será que quereis subverter essa ordem?" "De certo que não! Mas o que sabes *tu* da nobreza que Deus deu à natureza e que ainda não foi descrita, continuando ainda envolta em mistério?" Aqueles que escreveram sobre a nobreza da alma não chegaram mais longe do que lhes permitiu a razão natural; ainda não estiveram no *fundo* do ser. Por isso muita coisa ficou-lhes coberta de mistério e desconhecida. É o motivo do profeta: "Quero assentar-me e guardar silêncio para escutar o que Deus fala em mim" (Sl 84,9). Por ser misteriosa é que a Palavra chegou de noite na escuridão. São João diz: "A luz ilumina as trevas; chegou para o que era seu e todos que a receberam tornaram-se filhos de Deus; pois lhe foi dado poder tornarem-se filhos de Deus" (Jo 1,5.11.12).

Considerai agora, por fim, o favor e o fruto dessa Palavra misteriosa e dessa obscuridade. Não apenas o Filho do Pai celeste nasceu nessa escuridão que era própria dele! Também *tu* nasceste na escuridão como filho do mesmo Pai e não de outrem e aquele poder, Ele também *te deu a ti*. Reconhece agora o favor! Em toda verdade que os mestres do passado e do futuro ensinaram e ensinarão não se compreendeu nada *desse* saber e *desse* fundo do ser. Embora se trate de um não saber e de um desconhecimento, toda vida contém mais saber e conhecer do que todo o saber e conhecimento de fora. É que esse não saber retira-te e te leva para longe de todo saber das coisas e até de ti mesmo. Nesse sentido, falou Cristo: "Quem não se negar a si mesmo e não abandonar pai e mãe e tudo que estiver fora, não será digno de mim" (Mt 10,37-38). É como se dissesse: quem não abandonar toda a exterioridade das criaturas não poderá nem receber a geração divina nem ser gerado. Só terás essa geração se te privares de ti mesmo e de tudo que for exterior. Na verdade, creio e estou certo de que o homem que aqui se mantiver nunca poderá ser afastado de Deus por nada e de forma alguma. Nunca poderá cair numa falta mortal. Antes sofreriam a morte mais vergonhosa tal como fizeram os santos. Chego mesmo a dizer que nem cairiam em falta leve ou a consentiriam em si ou nos outros se pudessem evitar. É que se acham de tal maneira motivados, atraídos e habituados, que nem se poderão voltar para um outro caminho. Todos os sentidos e forças já estão direcionados.

Deus, que hoje de novo se faz homem, ajude-nos a nascer nessa geração. Que sua ajuda nunca nos falte para que nós, frágeis criaturas, nele nasçamos numa geração divina. Amém.

Tradução de Emmanuel Carneiro Leão

5
Sobre a pobreza
(Sermão n. 52)

Beati pauperes spiritu, quia ipsorum est regnum coelorum (Mt 5,3).

A bem-aventurança abriu sua boca de sabedoria e disse: "Bem-aventurados os pobres em espírito, deles é o Reino dos Céus" (Mt 5,3). Todos os anjos, todos os santos e tudo que tenha sido gerado deve silenciar-se quando essa sabedoria eterna do Pai fala; pois toda a sabedoria dos anjos e de todas as criaturas, tudo isso é um puro nada diante da infinita sabedoria de Deus. Esta sabedoria disse serem os pobres bem-aventurados.

Existem no entanto duas pobrezas. Uma delas é uma pobreza exterior. E ela é boa e muito louvável no homem que, com empenho, a assume por amor de Nosso Senhor Jesus Cristo, porque Nosso Senhor a teve neste mundo. Sobre essa pobreza não pretendo continuar falando. Todavia, existe uma outra pobreza: uma pobreza interior, a qual devemos entender sob aquelas palavras de Nosso Senhor quando Ele diz: "Bem-aventurados os pobres em espírito".

Agora eu vos peço que sejais pobres desse modo, para que compreendais este sermão; pois é pela Verdade Eterna que vos digo: Se não vos tornardes iguais a essa Verdade, da qual agora queremos falar, não podereis compreender-me nas minhas palavras.

Muitas pessoas já me perguntaram sobre o que seja a pobreza em si mesma e sobre o que seja um homem pobre. A essas questões queremos responder.

O Bispo Albrecht diz que um homem pobre é *aquele* que não encontra satisfação alguma junto às coisas que Deus já tenha criado. E isso está bem expresso. Nós, porém, vamos dizê-lo de um modo melhor tomando pobreza numa compreensão ainda mais elevada: um homem pobre é aquele que nada *quer*, que nada *sabe*, e que nada *tem*. É sobre esses três pontos que pretendo falar e vos peço, pelo amor de Deus, que compreendais essa Verdade, se o puderdes. No caso de não a compreenderdes, não vos aflijais por este motivo, pois eu pretendo falar de uma verdade tão peculiar como só poucas pessoas fiéis a compreenderão.

Primeiramente vamos dizer que um homem pobre seja aquele que nada *quer*. Muitos não entendem de maneira correta o sentido dessa expressão. São aquelas pessoas que em penitências e exercícios externos permanecem apegadas ao seu próprio eu; o que elas consideram grande coisa. Deus tenha piedade que tais pessoas tão pouco conheçam da Verdade Divina! Esses homens são chamados santos por causa de sua aparência externa, mas por dentro não passam de asnos, pois não apreendem o sentido exato da Verdade Divina. Sim, de fato essas pessoas também *dizem* que um pobre é aquele que nada quer. No entanto, elas entendem isso do seguinte modo: que o homem tenha que viver de tal modo que jamais satisfaça em alguma coisa *sua* própria vontade; que esse homem, pelo contrário, deva desejar ardentemente satisfazer a Vontade de Deus, à qual ama acima de tudo. Essas pessoas sentem-se bem com isso, pois sua intenção é boa. Por esse motivo vamos louvá-los. Queira Deus, em sua misericórdia, agraciá-las com o Reino dos Céus. Eu, porém, digo, pela Verdade Divina, que esses homens não são verdadeiramente pobres e nem se assemelham a homens pobres. Eles são vistos como grandes somente aos olhos *daquelas* pessoas que nada sabem de melhor. No entanto, eu digo que são asnos que nada entendem da Verdade Divina. Queiram eles pelo seu bom propósito alcançar o Reino dos Céus; mas sobre a pobreza, da qual quero agora falar, eles não sabem nada.

Se agora alguém me perguntasse o que seja isso propriamente: "Um homem pobre que nada *quer*", eu responderia dizendo: Enquanto o homem ainda tiver consigo que sua *vontade* seja querer fazer a Vontade de Deus, a qual ama acima de tudo, então esse homem não tem a pobreza à qual nos referimos. Pois esse homem ainda possui uma vontade com a qual quer satisfazer a Vontade de Deus. E isso *não* é verdadeira pobreza. Porquanto tenha o homem verdadeiramente pobreza, deve ele estar tão vazio de sua vontade criada, como ele se encontrava, quando ainda não era. Pois eu vos digo pela Verdade Eterna: enquanto tiverdes o *propósito* de fazer a Vontade de Deus e tiverdes o ardor pela eternidade e por Deus, vós não sereis verdadeiramente pobres. Pois somente é um homem pobre aquele que *nada* quer e que *nada* cobiça.

Quando eu ainda me encontrava em minha primeira causa, eu não tinha então Deus algum e ali eu era causa de mim mesmo. Eu não queria nada e não cobiçava nada, pois eu era um ser singular e conhecedor de mim mesmo no gozo da Verdade. Eu então queria a mim mesmo e nada mais. O que eu queria, isso eu era, e o que eu era, isso eu queria, e aqui eu me encontrava vazio de Deus e de todas as coisas. Mas quando por livre decisão saí e recebi o meu ser criado, aí sim tinha eu um Deus; pois antes que as criaturas fossem, Deus não era ainda "Deus". Ele era, antes sim, aquilo que Ele era. Quando as criaturas vieram a ser e receberam o seu ser criado, Deus então não era em si mesmo Deus, mas Deus nas criaturas.

Nós então dizemos que Deus, enquanto "Deus" simplesmente, não é Ele o fim mais elevado da criatura. Pois tão elevado grau do ser também possui mesmo a menor criatura *em* Deus. E fosse assim, que uma mosca tivesse razão e pela via da mesma razão pudesse sondar o abismo eterno do Ser Divino, do qual ela provém, nós então haveríamos de dizer que Deus, com tudo aquilo que é enquanto "Deus", não poderia sequer oferecer plenitude e satisfação a essa mosca. Por isso peçamos a Deus que nos tornemos vazios de "Deus" e que assim compreendamos a Verdade e a gozemos eternamente, lá onde o mais elevado dos anjos, a mosca e a alma são iguais; lá onde eu me encontrava, e queria o que eu era, e era o que eu queria. Assim, pois, dizemos: Caso o homem deva ser pobre em vontade, deve ele antes tão pouco querer e desejar, como queria e desejava, quando ele ainda não era. É desse modo que é pobre o homem que nada *quer*.

Por outro lado é um homem pobre aquele que nada *sabe*. Já dissemos oportunamente que o homem devesse viver de tal sorte que não vivesse nem a si mesmo, nem a Verdade, nem a Deus. Agora, porém, nós o dizemos de outro modo e queremos prosseguir dizendo: o homem que tenha essa pobreza deve viver de tal modo que nem sequer *saiba* que vive a si mesmo, nem a Verdade, nem Deus. Deve antes estar de tal modo vazio de todo saber, que não saiba, nem conheça, nem sinta que Deus vive nele. Mais ainda: deve estar vazio de todo conhecimento que nele vive. Pois quando o homem ainda se encontrava na essência eterna de Deus, aí não havia nele nenhum outro. O que aí vivia era ele próprio. Dizemos portanto que o homem deve estar vazio de seu próprio saber, assim como ele o fazia quando ainda não era, permitindo que Deus opere o que queira e o homem permaneça vazio.

Tudo quanto tenha vindo de Deus está destinado a uma ação pura. A ação, no entanto, destinada ao homem é amar e conhecer. Agora nos vemos diante de uma questão sobre a qual muito se tem discutido: "Em que reside de modo privilegiado a bem-aventurança?" Vários mestres disseram que ela reside no amor, outros já a formulam melhor dizendo que ela reside no conhecimento *e* no amor. *Nós,* porém, dizemos que ela nem se encontra no conhecimento *nem* no amor. Há, isso sim, algo na alma de onde brotam conhecimento e amor. Ele próprio não conhece e não ama, isso só o fazem as *faculdades* da alma. Quem chega a conhecer *este* algo, conhece também em que consiste a bem-aventurança. Ele não tem nem antes nem depois e não está à espera de nada que se lhe acrescente, pois não pode nem ganhar, nem perder. Por isso é também despojado do saber que Deus nele opera; pelo contrário, é ele próprio o mesmo que se desfruta como Deus.

Nesse sentido, digo, deve o homem estar livre e vazio de Deus, de modo que nem saiba nem conheça que Deus nele opera e somente *assim* estará de posse da pobreza.

Os mestres ensinam: Deus é uma essência e uma essência racional; Ele conhece todas as coisas. Eu no entanto digo: Deus nem é essência, nem essência racional, nem conhece isto, nem aquilo. Por isso Deus é vazio de todas as coisas – e por isso mesmo Ele *é* todas as coisas. Quem, portanto, for pobre no espírito, terá que ser pobre de todo saber de si próprio, de modo que de nada saiba, nem de Deus, nem de si mesmo. Por isso faz-se necessário que o homem a isto anseie: *nada* saber nem conhecer das obras de Deus. *Desse* modo poderá o homem ser pobre de saber próprio.

Em terceiro lugar é um homem pobre aquele que nada *tem*. Muitos disseram que a perfeição consiste em que o homem nada mais possua de coisas materiais desta terra. E isso é certamente verdadeiro neste sentido: quando alguém procura observar essas coisas com vontade e empenho. Esse no entanto não é o sentido a que *eu* me refiro.

Eu disse no início que um homem pobre é aquele que sequer *pretende* satisfazer a Vontade de Deus. É aquele que, pelo contrário, viva de tal modo que se encontre tão vazio de sua vontade própria e de Deus, como ele se encontrava, quando ainda não era. *Dessa* pobreza dizemos ser a mais elevada de todas. Em segundo lugar dissemos ser um homem pobre aquele que nada saiba nem mesmo da ação de Deus nele. Quando alguém estiver vazio assim do saber e do conhecer, será *essa* a mais pura pobreza. A terceira pobreza, no entanto, da qual pretendo falar agora, é ela a mais extrema e consiste em que o homem nada *tenha*.

Agora prestai absoluta atenção! Eu já disse isto muitas vezes e também o dizem grandes mestres: o homem deve estar tão vazio de todas as coisas e obras, interiores como exteriores, que ele possa ser um lugar próprio de Deus, no qual Deus possa atuar. Digamos agora no entanto diferentemente. Sendo assim que o homem se encontre vazio de todas as coisas, das criaturas, de si mesmo *e* de Deus, mas que ainda esteja em condição de que Deus encontre nele um lugar para atuar, disso dizemos: enquanto ainda houver no homem esse lugar para Deus, ele não será pobre na mais autêntica pobreza. Pois Deus não aspira para sua ação a que o homem tenha em si um lugar no qual Deus possa atuar; mas somente *isto* será pobreza em espírito: quando o homem estiver tão vazio de Deus e de todas as suas obras que Deus, porquanto queira agir na alma, seja ele *mesmo* toda vez o lugar onde queira atuar, – e isto ele certamente gostaria de *fazer*. Pois encontrasse Deus o homem pobre deste modo, realiza Deus assim sua própria obra e o homem experimenta Deus em si mesmo; e Deus é um lugar próprio de suas obras. Mas o homem experimenta Deus puramente em suas obras, perante o fato de que Deus é aquele que age *em si mesmo*. É aqui nesta pobreza que o homem atinge novamente o ser eterno, o qual ele era e que agora é e permanecerá eternamente.

Há uma palavra de São Paulo em que ele diz: "Tudo o que sou, o sou pela graça de Deus" (1Cor 15,10). No entanto, parece agora esse nosso discurso manter-se acima da graça, acima do Ser, acima do conhecimento, da vontade e de todo querer. Como pode então ser verdadeira a palavra de São Paulo? A isso se apresentaria como resposta o seguinte: que a palavra de São Paulo é verdadeira; que era necessário que a graça nele estivesse. Pois a graça de Deus agiu nele para que a contingência terrena fosse consumada plenamente em sua essência mais profunda. Quando, porém, a graça chegou ao fim conduzindo sua obra à plenitude, permaneceu então Paulo o que ele era.

Assim, portanto, dizemos que o homem tenha de apresentar-se tão pobre, que ele não seja nem tenha lugar algum onde Deus possa agir. Onde o homem achar-se como lugar para Deus, aí mantém ele ainda distinção. Por isso peço a Deus que ele me torne livre de Deus. Pois meu ser essencial se encontra acima de Deus, enquanto compreendemos Deus como princípio das criaturas. Pois naquele ser de Deus, onde Deus se encontra acima de todo ser e de toda distinção, ali eu era eu mesmo, ali eu queria a mim mesmo e conhecia ser de minha vontade criar esse homem. E por isso sou origem de mim próprio segundo meu *ser*, que é *eterno*; mas não segundo meu tornar-se, que é temporal. E por isso não sou gerado e, segundo o modo de minha geração eterna, nunca posso perecer. Segundo minha geração eterna, eu fui eterno, sou agora e permanecerei eternamente. Aquilo que sou, enquanto criatura temporal, perecerá e aniquilar-se-á, pois é mortal; por isso deve corromper-se com o tempo. Na minha geração eterna foram geradas todas as coisas e eu era origem de mim mesmo e de todas as coisas. E tivesse eu desejado, eu não seria e nem seriam todas as coisas. E se eu, no entanto, não fosse, então "Deus" não seria: Que Deus seja "Deus", disso sou a razão; se eu não fosse, então Deus não seria "Deus". Mas saber disso não é necessário.

Um grande mestre diz que há mais pobreza em seu irromper (*Durchbrechen*), que em seu emanar criativo (*Ausfliessen*), e isso é verdadeiro. Quando emanei de Deus, ali todas as coisas diziam: Deus é. Isso, porém, não pode tornar-me bem-aventurado, pois com isso eu me reconheço como criatura. No irromper (*Durchbrechen*), contudo, onde me encontro vazio de minha própria vontade, vazio mesmo da Vontade de Deus e de todas as suas obras, sim, vazio de Deus ele mesmo, aí eu me encontro acima de todas as criaturas e não sou nem "Deus" nem criatura; sou, antes, o que eu era, o que permanecerei agora e por todo o sempre. Aí eu recebo um impulso que me deverá conduzir acima de todos os anjos. Nesse impulso recebo tamanha riqueza, que Deus, com tudo aquilo que é como "Deus" e com toda sua obra divina, não me pode ser suficiente; pois me é dado nesse irromper (*Durchbrechen*) que eu e Deus sejamos Uno. Aí eu sou o que eu era. E aí nem acrescento nem diminuo. Pois sou aí uma causa imóvel, que move todas as coisas. Aqui Deus não encontra mais lugar algum no homem, pois o homem conquista, cem *esta* pobreza, aquilo que ele era eternamente e permanecerá por todo o sempre. Aqui Deus é Uno com o espírito e isso é a mais autêntica pobreza que se possa encontrar.

Quem não compreender estas palavras não aflija o seu coração. Pois enquanto o homem não se igualar a essa verdade, não poderá entender essas palavras. Pois essa é uma verdade desvelada que aqui veio imediatamente do coração de Deus.

Que Deus nos ajude a assim viver de modo a experimentar isto eternamente. Amém.

Tradução de Gilberto Gonçalves Garcia, OFM

6
Sobre as obras e o tempo
(Sermão n. 44)

Mortuus erat et revixit, perierat et inventus est (Lc 15,32).

Eu disse, certa vez, num sermão, que gostaria de instruir ao homem que tivesse realizado *boas* obras durante o tempo em que se achava em pecado mortal, como essas obras, juntamente com o tempo em que foram realizadas, poderiam ressuscitar vigorosamente. E agora quero demonstrar como é que isso se dá na verdade, uma vez que me foi solicitado esclarecer o sentido dessa afirmação. E quero fazê-lo, me opondo efetivamente a todos os mestres contemporâneos.

Todos os mestres são unânimes ao afirmar que são dignas da recompensa eterna todas aquelas obras que o homem realiza enquanto se encontra na graça. E isso é verdade, pois é *Deus* quem realiza as obras na graça, e nisso eu estou de acordo com eles. Por outro lado, os mestres são todos unânimes ao afirmar que, se o homem vier a cair em pecado mortal, acham-se mortas todas as obras que ele realiza, enquanto se encontra no pecado mortal, assim como ele mesmo também se acha morto; e essas obras *não* são dignas da recompensa eterna, já que ele não vive na graça. Aqui, outra vez, estou de acordo com eles, pois nesse sentido isto também é verdade. Os mestres prosseguem: "Quando Deus devolve a graça ao homem que tenha se arrependido, então ressurgem inteiramente na nova graça todas aquelas obras que ele tenha realizado em graça, *antes* que caísse em pecado mortal. E elas vivem então como anteriormente o faziam". E com isto eu também concordo. No entanto, dizem os mestres: "Acham-se perdidas para sempre aquelas obras que o homem tenha realizado enquanto se encontrava em pecado mortal, ambos: as obras e o tempo conjuntamente". E *a isso* me oponho, eu Mestre Eckhart, dizendo assim: "De todas as boas obras que o homem tenha feito enquanto se encontrava em pecado mortal, absolutamente nenhuma se acha perdida e nem o tempo em que tenham se dado, desde que o homem obtenha novamente a graça". Vede, com *isso* contesto todos os mestres contemporâneos!

Agora prestai bem atenção aonde quero chegar com minhas palavras de modo que possais compreender-lhes o sentido.

Eu digo meramente: "Acham-se perdidas *todas* e quaisquer boas obras que o homem tenha realizado ou as que venham a ser realizadas, assim como o tempo em que tenham ocorrido ou em que deverão ocorrer doravante. Ambos: tempo e obras acham-se conjuntamente perdidos – as obras *como* obras, o tempo *como* tempo". E prosseguindo, afirmo: "Qualquer *obra* que seja, jamais foi boa, santa ou venturosa". E digo mais: *"Tempo* algum jamais foi santo, venturoso ou bom e também nunca o será nem um nem outro". Como poderia, por conseguinte, algo manter-se se não é nem bom, nem venturoso, nem santo? Uma vez portanto que se acham totalmente perdidas as boas obras juntamente com o tempo em que tenham ocorrido, como poderiam então manter-se *tais* obras, as quais tenham se dado em pecado mortal, assim como o tempo em que foram realizadas? Eu repito: ambos se acham perdidos, tempo e obras, más e boas; as obras *como* obras, o tempo *como* tempo: estão ambos perdidos para sempre.

Aqui impõe-se a seguinte questão: Como pode uma obra chamar-se obra santa, obra venturosa ou obra boa? Vede como eu dissera há pouco: a obra, assim como o tempo em que tenha se dado, nem são santos, nem venturosos, nem bons. Bondade, santidade e bem-aventurança tratam-se de *denominações* que recaem sobre a obra e o tempo, não sendo, porém, algo de próprio desses. E por quê? Uma obra, *enquanto* obra, não existe por si só nem por sua própria vontade. Também não acontece por si mesma, nem por sua própria vontade, como também nada sabe de si mesma. E por isso mesmo ela não é nem venturosa nem desaventurada. O *Espírito,* pelo contrário, do qual surge a obra, esse se liberta da *imagem* e *essa* não lhe retorna. Pois a obra, na medida em que realizou-se como obra, também imediatamente aniquilou-se, e da mesma forma o tempo, em que ela tenha se dado; e a obra então não está nem aqui nem ali; pois o espírito nada mais tem a ver com a obra. Deva ele realizar algo mais, isso terá de se dar com *outras* obras, como também num *outro* tempo. Por isso perdem-se um juntamente com o outro, obra e tempo, sejam eles maus ou bons: eles se acham perdidos na mesma medida. Pois eles não possuem no espírito permanência alguma, nem ser ou lugar em si mesmos. E Deus também em nada deles carece. Por isso, eles se dissipam e se aniquilam em si mesmos. Acontecendo uma boa obra por meio de um homem, *liberta-se* assim com essa obra o homem. E por meio desse libertar-se ele se iguala e se aproxima mais de seu princípio do que como anteriormente se encontrava, antes que esse libertar-se acontecesse, e tão mais tornou-se melhor e mais venturoso do que era, antes de acontecer a libertação. É por *esse* motivo que a gente chama de santa e venturosa a obra e também o tempo no qual tenha ocorrido; e isso no entanto não é verdadeiro, pois a obra não tem ser algum, tampouco o tempo em que tenha se dado, porquanto a obra se dissipa em si mesma. Por isso, ela não é nem boa, nem santa, nem venturosa. Antes, porém, é venturoso o *homem*, em quem permanece o *fruto* da boa obra – não como tempo nem como obra, mas como uma natureza boa, que aí é eterna com o espírito, assim como o espírito também é eterno em si mesmo, e ela é o *próprio* espírito.

Vede, dessa maneira jamais estivera perdida uma boa ação, e nem o tempo em que ela tenha se dado. Não que permanecesse como obra e como tempo, mas, liberto de obra e tempo, ela permanece com a natureza no espírito, onde é eterna, como o espírito nele mesmo é eterno.

Vede, voltai agora vossa atenção para aquelas obras que acontecem em pecado mortal. Como o ouvistes, vós que me entendestes: "Acham-se perdidas, como obra e como tempo, as boas obras que tenham se dado em pecado mortal; juntos: tempo e obra". Ora, mas eu também dissera que obra e tempo em si nada são. Sendo, pois, obra e tempo nada em si, vede, assim aquele que os perde, em verdade nada perde. E isso é verdade. Além disso também afirmara: "Obra e tempo não têm em si nem ser nem lugar". Ela, *enquanto* obra, *brotou* do espírito, no tempo. Deva o espírito realizar algo mais, então isto deverá ser necessariamente uma *outra* obra e deverá se dar num *outro* tempo. E por isso ela nunca mais poderá retornar ao espírito, uma vez que foram obra e tempo. Ela não pode de modo algum chegar a Deus, pois jamais tempo ou obra temporal chegara a Deus. E por isso ela deve ser forçosamente aniquilada e se achar perdida.

Ora, eu entretanto dissera que, de todas as boas obras que o homem realiza, enquanto se encontra em pecado mortal, nenhuma sequer permanece perdida, nem o tempo nem as obras. E isso é verdade *no* sentido que vos quero esclarecer. E, como já o disse no início, contestando todos os mestres contemporâneos.

Notem, agora, em breves palavras, o sentido, segundo o qual isso corresponde à verdade! Realize o homem boas obras, enquanto se encontre em pecado mortal, assim ele não as faz *a partir do* pecado mortal, pois essas obras são boas, enquanto pecado mortal é *mau*. Ele as realiza, pelo contrário, do fundamento de seu espírito, que é, desde sua natureza, bom nele mesmo, muito embora ele não se encontre na graça e as obras, nelas mesmas, não mereçam o Reino dos Céus, no tempo em que se dão. Nesse ínterim, o espírito também não se prejudica, visto que o *fruto* da obra, liberto da obra e do tempo, permanece no espírito e é espírito com o espírito e tampouco se aniquila, como ao espírito seu ser se aniquila. O espírito, pelo contrário, liberta seu ser por meio do efetuar das imagens, que aí são boas, tão certamente como o faria se estivesse na graça; se bem que ele não ganha, por sua obra, o Reino dos Céus, como ele o faria, se estivesse na graça. Pois ele cria desse modo a mesma condição para a unidade e equidade, onde obra e tempo só prestam mesmo para que o homem se *efetue*. E quanto mais o homem se liberta e se efetua, tanto mais se aproxima de Deus, que é livre em si mesmo; e na mesma medida em que se liberte, ele não perde nem obra nem tempo. E quando a graça retorna, assim se encontra nele em pura *gratuidade* tudo o que por natureza nele se achava. E tanto quanto ele tenha se libertado com boas obras, enquanto se encontrava em pecado mortal, tanto terá conquistado para se unir a Deus; o que ele não poderia fazer, se antes não tivesse se libertado por meio das obras, enquanto se achava em pecado mortal. Se somente agora é que ele as devesse realizar, precisaria então, para tal, investir tempo. Mas, uma vez que ele tenha se libertado no tempo passado, enquanto se achava em pecado mortal, ele já conquistou para si o tempo, no qual ele agora se acha livre. Assim, portanto, não se acha também perdido o tempo no qual ele agora se encontra livre, pois ele ganhou este tempo e pode nele realizar outras obras, as quais deverão uni-lo mais estreitamente a Deus. Os frutos das obras, que ele realiza no espírito, permanecem no espírito e são espírito com o espírito. Embora as obras e o tempo tenham passado, vive no entanto o espírito, do qual elas surgiram. E o fruto das obras vive em plena graça, liberto do tempo e da obra, assim como o espírito também é pura graça.

Vede, com isso chegamos a fundamentar o sentido, segundo o qual a afirmação inicial é genuinamente verdadeira. E me oponho a todos os que contestam tal juízo e não lhes devo explicação. Pois o que disse é verdadeiro e a verdade o fala por si. Entendessem eles o que seja *espírito* e o que sejam obra e tempo *em si mesmos*, e de que modo a obra se encontra em relação ao espírito, então de modo algum afirmariam que boa obra ou ação, qualquer que seja, já sempre se perdera ou poderia perder-se. Passe a obra com o tempo e esta se aniquile, ela nunca aniquilar-se-á, como isso se passa na relação do espírito com seu ser. Essa relação, no entanto, nada mais é do que o espírito que se liberta, por meio da ação, a qual já se plenificou nas obras. Essa é a *força* da obra, pela qual a obra fora realizada. E *esta* força *permanece* no espírito, como também dele jamais saiu e tampouco pode dissipar-se, como o espírito em si mesmo; pois o espírito é a própria força. Vede, como poderia ainda dizer, quem tivesse entendido estas coisas, que qualquer boa obra que fosse, já sempre se perdera, enquanto o espírito tem seu ser e vive na nova graça?

Que nos tornemos com Deus *um* espírito e que sejamos descobertos na graça. A isto, Deus nos ajude. Amém.

Tradução de Gilberto Gonçalves Garcia, OFM

Parte IV
Legendas do Mestre Eckhart

Mais que as doutrinas são as legendas que conservam melhor as mensagens dos grandes mestres espirituais. Assim foi com Jesus, com os monges do deserto, com São Francisco de Assis e assim também é com o Mestre Eckhart. Traduzimos algumas dessas legendas onde podemos ver plasticamente a sua envergadura espiritual.

A tradução foi feita do alemão (Eckhart-Legendem: *Meister Eckhart. Deutsche Predigten und Traktate, editado por J. Quint.* Munique: Carl Hanser Verlag, 1955, 443-448).

1
De uma boa irmã e da boa conversação que teve com Mestre Eckhart

Uma jovem procurou um convento dos Pregadores e mandou chamar Mestre Eckhart. "A quem devo anunciar?", perguntou o porteiro. "Não sei", disse ela. "Não o sabes? Como assim?", disse ele. A jovem respondeu: "Porque não sou donzela, nem mulher, nem homem, nem esposa, nem viúva, nem virgem, nem senhor, nem serva e nem servo". O porteiro foi ter com Mestre Eckhart (e disse): "Venha ver aí fora a criatura mais estranha que já encontrei. Permita que o acompanhe. Ponha a cabeça para fora e pergunte: "Quem deseja falar-me?" Foi o que ele fez. Disse-lhe ela o que já dissera ao porteiro. "Minha filha, as tuas palavras são verdadeiras e espirituosas. Mas explica-me o que queres dizer com elas". Disse-lhe a jovem: "Se eu fosse donzela, conservaria a minha primeira inocência; se fosse mulher, engendraria sem cessar em minha alma a Palavra eterna; se fosse homem, resistiria com firmeza a todo pecado; se fosse esposa, seria fiel ao meu único e querido esposo; se fosse viúva, ansiaria sem intermissão por meu único amado; se fosse virgem, encontrar-me-ia em serviço reverente; se fosse senhor, teria poder sobre todas as virtudes divinas; se fosse serva, sujeitar-me-ia com humildade a Deus e a todas as criaturas; e, se fosse servo, trabalharia esforçadamente e com toda a vontade e sem murmurar. Nada sou de tudo isso; apenas ando por aí como uma criatura qualquer entre outras criaturas quaisquer". O Mestre foi ter com seus irmãos e lhes disse: "Acabo de ouvir a pessoa mais pura que já me foi dado encontrar, ao que me parece".

2
Do bom-dia

Mestre Eckhart disse a um homem pobre: "Deus te dê um bom-dia, irmão!" "Guardai-o para vós, senhor: eu nunca tive um dia ruim". "E por que não, irmão?", indagou ele."Porque tudo o que Deus quis que eu sofresse, suportei-o de bom grado por seu amor e considerando-me indigno dele; por isso é que nunca ando triste nem aflito". Disse ele: "Onde encontraste Deus pela primeira vez?" "Quando renunciei a todas as criaturas: foi então que o encontrei". Disse ele: "E onde deixaste Deus, irmão?" "Em todos os corações sinceros e puros". Disse ele: "Que espécie de homem és tu, irmão?" "Eu sou um rei". E ele disse: "Rei do quê?" "De minha carne: pois tudo o que meu espírito já solicitou a Deus, minha carne o executou e sofreu com mais presteza e disposição do que o meu espírito o acolheu". Disse ele: "Um rei deve ter um reino. Onde está o teu reino, irmão?" "Na minha alma". Disse ele: "Como assim, irmão?" "Quando cerro as portas dos cinco sentidos e anseio por Deus com todo o ardor, então encontro Deus na minha alma, e tão radiante e venturoso como é na vida eterna". Disse ele: "Bem pareces ser um santo. Quem te fez santo, irmão?" "O meu ficar sentado, quieto, os meus pensamentos elevados e a minha união com Deus – eis o que me atraiu ao céu; pois jamais pude encontrar repouso em coisa alguma que fosse menos que Deus. E agora o encontrei e nele descanso e me alegro eternamente, e *isso* vale mais na vida terrestre do que todos os reinos. Nenhuma obra exterior é tão perfeita que não embarace a interioridade".

3
Mestre Eckhart e o garoto nu

Mestre Eckhart deu com um lindo garoto nu.
Perguntou-lhe donde vinha.
"Venho de Deus", disse ele.
"E onde o deixaste?"
"Nos corações virtuosos."
"Para onde vais?"
"Para Deus!"
"Onde o encontras?"
"Onde larguei todas as criaturas."
"Quem és tu?"
"Sou um rei!"
"Onde está o teu reino?"
"No meu coração."
"Toma cuidado que ninguém o compartilhe contigo!"
"É o que faço."

Então o conduziu à sua cela e disse: "Toma a veste que queiras!"
"Deixaria de ser rei,"
E desapareceu.
Fora o próprio Deus que viera divertir-se com ele.

4
Mestre Eckhart, comensal

Certa feita um homem pobre veio a Colônia sobre o Reno para ali buscar a pobreza e viver segundo a verdade. E eis que uma donzela foi ter com ele e disse: "Meu caro, não queres cear comigo, no santo amor de Deus?" "Com prazer!" disse ele. Quando estavam acomodados à mesa ela disse: "Come à vontade e não te acanhes!" Ele disse: "Se como demais, erro; se como de menos, também erro. Vou comer como um homem pobre". Perguntou-lhe ela: "Que é um homem pobre?" Ele disse: "Consiste em três coisas. A primeira é que tenha morrido a tudo o que é meramente natural. A segunda, que seja incapaz de exceder-se no desejo de Deus. A terceira é que, mais do que a outrem, deseje a si toda a sorte de sofrimento". Ela perguntou: "Eia, meu caro, dize-me: Que é a pobreza do homem interior?" Ele disse: "Essa reside em três coisas. A primeira é o desprendimento (*Abgeschiedensein*) perfeito de todas as criaturas no tempo e na eternidade. A segunda é a humildade sincera do homem interior e exterior. A terceira é uma interioridade fervorosa e um coração orientado sem cessar para Deus, lá no alto". "Na verdade, disse ela, agrada-me ouvir tudo isso. Mas agora, meu caro, dize-me: O que é pobreza de espírito?" Ele disse: "Perguntas demais!" Ela disse: "Nunca me pareceu que pudesse haver demasia no que diz respeito à glória de Deus e à ventura do homem". Tornou o homem pobre: "Dizes verdade. Também ela (a pobreza de espírito), pois, consiste em três coisas. Primeiro, em que o homem nada saiba no tempo e na eternidade senão Deus somente. A segunda, em que não procure a Deus fora de si mesmo. A terceira, em que não carregue de um lugar para outro bem algum espiritual como propriedade particular". Perguntou-lhe ela: "Então o Mestre, e nosso pai comum, não deve levar o seu sermão da cela ao púlpito?" Ele respondeu: "Não!" Ela disse: "E por que não?" Ele disse: "Quanto mais temporal, mais corporal; quanto mais corporal, mais temporal". "Esse espírito não vem da Boêmia!", disse ela. E ele: "O Sol que brilha em Colônia também brilha em Praga, sobre a cidade". Ela disse: "Quero que me esclareças isso um pouco melhor". "Disso não me compete falar na presença do Mestre", tornou ele. Disse o Mestre: "Quem não tem a verdade dentro de si deve amá-la fora de si; assim a encontrará também no seu interior". "Essa refeição está bem paga", disse ela.

Então o homem pobre disse: "Donzela, agora é *tua* vez de pagar o vinho!" Ela disse: "Com prazer! Interroga-me, pois!" Ele disse: "Como pode o homem reconhecer em sua alma as obras do Espírito Santo?" Ela disse: "Em três coisas. A primeira é que, dia a dia, ele vá se desprendendo das coisas corporais, dos prazeres e do amor natural. A segunda é que cresça sempre mais no amor e na graça de Deus. E a terceira é que, com amor e seriedade, oriente a sua ação ao próximo, antes que a si mesmo". Ele disse: "Eis o que bem confirmaram os amigos eleitos de Nosso Senhor". E prosseguiu: "Como pode um homem espiritual reconhecer que Deus lhe assiste na oração e na prática da virtude?" "Em três coisas. A primeira é aquela com que Deus brinda os seus eleitos, a saber: o desprezo do mundo e os sofrimentos do corpo. A segunda é o crescimento na graça, conforme a grandeza do amor entre ele e Deus. E a terceira: Deus jamais despede o homem sem mostrar-lhe um caminho novo para a verdade". Ele disse: "Assim deve ser, forçosamente! Mas dize-me: Como reconhece o homem que todas as suas obras se conformam com a vontade altíssima de Deus?" Disse ela: "Em três coisas. A primeira é que jamais lhe falte uma consciência pura. A segunda, que nunca se aparte da união com Deus. E a terceira, que o Pai celeste, por infusão, e sem cessar, lhe engendre o próprio Filho".

Disse o Mestre: "Se todas as dívidas fossem tão bem pagas como este vinho, muitas almas que agora estão no purgatório estariam na vida eterna". Ao que disse o homem pobre: "O que aqui resta a pagar vai por conta do Mestre". O Mestre disse: "Aos velhos há que levar em conta a velhice". Tornou o homem pobre: "Deixa que o amor se realize plenamente, pois ele se realiza sem distinção (de idade)".

Disse a donzela: "Sois um Mestre cuja arte se comprovou três vezes em Paris". O homem pobre disse: "Eu preferiria que alguém se comprovasse (só) *uma vez na verdade* em lugar de três vezes na cátedra de Paris". Mestre Eckhart disse: "Se há uma coisa que eu precisava saber, já a sei".

Disse a donzela: "Dize-me, pai, por onde pode o homem saber que é filho do Pai celeste?" "Por três modos, disse ele. Primeiro, fazendo por amor tudo o que faz. Segundo, aceitando com igual disposição tudo o que lhe vem de Deus. E terceiro, pondo toda sua esperança em Deus somente, e em mais ninguém".

Disse o homem pobre: "Dize-me, pai, por onde pode o homem saber que a ação da virtude alcança nele o mais alto grau de excelência?" "Por três modos, disse ele: amando a Deus por Deus, o bem pelo bem, a verdade pela verdade!"

E prosseguindo, disse: "Filhos amados, como deve viver o homem que ensina a verdade?" A donzela disse: "Deverá viver de modo tal que traduza em obra o que ensina por palavras". O homem pobre disse: "Muito bem. No íntimo, porém, seu estado deve ser tal que possua mais verdade em seu interior do que possa externar por palavras".

*Assim Mestre Eckhart prega e questiona.
A todo aquele que o escuta ou menciona
conceda o Senhor feliz defunção e, após esta
vida, a glória da ressurreição.*

Amém.

Tradução de Raimundo Vier, OFM

Clássicos da Espiritualidade

Confira outros títulos da coleção em

livrariavozes.com.br/colecoes/classicos-da-espiritualidade

ou pelo Qr Code

Conecte-se conosco:

- **f** facebook.com/editoravozes
- [Instagram] @editoravozes
- [X] @editora_vozes
- [YouTube] youtube.com/editoravozes
- [WhatsApp] +55 24 2233-9033

www.vozes.com.br

Conheça nossas lojas:

www.livrariavozes.com.br

Belo Horizonte – Brasília – Campinas – Cuiabá – Curitiba
Fortaleza – Juiz de Fora – Petrópolis – Recife – São Paulo

EDITORA VOZES LTDA.
Rua Frei Luís, 100 – Centro – Cep 25689-900 – Petrópolis, RJ
Tel.: (24) 2233-9000 – E-mail: vendas@vozes.com.br